Müller
Faire le point

Corinne Müller

Faire le point

Solutions

De la base à la maturité

Corinne Müller
Faire le point
Exercices | Solutions
ISBN Print inkl. eLehrmittel: 978-3-0355-1935-8
ISBN eLehrmittel: 978-3-0355-1936-5

Bibliografische Information der Deutschen Nationalbibliothek:
Die Deutsche Nationalbibliothek verzeichnet diese Publikation
in der Deutschen Nationalbibliografie; detaillierte bibliografische
Daten sind im Internet über http://dnb.dnb.de abrufbar.

2. Auflage 2021
Alle Rechte vorbehalten
© 2021 hep Verlag AG, Bern

hep-verlag.ch

Table des matières

Temps et modes ... 7
- Le présent ... 8
- Le futur proche et le passé récent ... 10
- Le temps du passé ... 12
- Le futur ... 17
- L'impératif ... 20
- Le conditionnel ... 21
- La phrase hypothétique ... 24
- Le subjonctif ... 27
- Tous les temps et tous les modes ... 33

Substantifs et articles ... 35
- L'article ... 36
- Le pluriel ... 40

Pronoms ... 43
- Les démonstratifs ... 44
- Les pronoms directs et indirects ... 46
- Les pronoms «y» et «en» ... 49
- Les pronoms directs et indirects + «y» et «en» ... 50
- Les pronoms relatifs ... 51
- L'adjectif possessif ... 60
- Le pronom possessif ... 63
- Les pronoms toniques ... 65

Adjectif et adverbe ... 67
- L'adjectif ... 68
- L'adverbe ... 74
- Le comparatif et le superlatif ... 80

Varia ... 85
- Tout ... 86
- Pays et villes ... 86
- Expressions de quantité ... 88
- Les questions ... 90

La négation	**93**
Le discours indirect	**96**
Le passif	**100**
Le participe présent et le gérondif	**102**
Les connecteurs	**106**
Voie libre à la maturité	**109**
Structures grammaticales diverses	**110**
Grande finale	**113**

Temps et modes

Le présent

1. Formation : les verbes -er et les verbes doubl-acc-i

a. je sautille
b. tu sues
c. il se promène (doubl-acc-i)
d. nous plaçons (son)
e. vous mâchez
f. ils récupèrent (doubl-acc-i)
g. je manipule
h. tu commences
i. elle s'ennuie (doubl-acc-i)
j. nous traversons
k. vous effacez
l. elles nuancent
m. je mélange
n. tu te maquilles
o. il essuie (doubl-acc-i)
p. nous nageons (son)
q. vous rappelez (doubl-acc-i)
r. ils dessinent
s. j'exagère (doubl-acc-i)
t. tu marches
u. elle manifeste
v. nous nous trompons
w. vous vous vengez
x. elles contrôlent

2. Formation : les verbes -ir et les verbes COCOS

a. je viens (irr)
b. tu mens (avec consonne)
c. il rôtit
d. nous rougissons
e. vous servez (avec consonne)
f. ils rajeunissent
g. j'ouvre (COCOS)
h. tu meurs (irr)
i. elle dort (avec consonne)
j. nous vieillissons
k. vous remplissez
l. elles souffrent (COCOS)
m. je sens (avec consonne)
n. tu blanchis
o. il fuit (irr)
p. nous réussissons
q. vous ralentissez
r. ils courent (irr)
s. je tiens (irr)
t. tu offres (COCOS)
u. elle ralentit
v. nous finissons
w. vous bâtissez
x. elles grossissent

3. Formation : les Verbes -re et les verbes -oir

a. je parais
b. tu peux
c. il faut
d. nous interrompons
e. vous conduisez
f. ils prennent
g. je mets
h. tu ris
i. elle apprend
j. nous craignons
k. vous rompez
l. elles prétendent
m. j'attends
n. tu suffis
o. il aperçoit
p. nous voyons
q. vous perdez
r. ils reçoivent
s. je fonds
t. tu suis
u. elle rend
v. nous buvons
w. vous dites
x. elles vivent

4. Poetry slam

Dimanche soir, Livia n'a rien à faire et pour cela elle allume la télé. Le programme ne la déçoit pas. Bien au contraire ! Sur l'écran s'affichent de jeunes hommes et femmes qui participent à un *poetry slam*.
Peu à peu, Livia apprend les règles d'un *poetry slam*.
Dans un tel *poetry slam*, il s'agit de présenter un *texte slam* qui doit être présenté sur scène devant un public. Le public élit le meilleur texte. Les spectateurs applaudissent (applaud*ir*) plus ou moins fort ou ils brandissent (brand*ir*) des feuilles avec des chiffres de 0 à 10.

Pendant la nuit, Livia ne réussit pas à dormir, elle espère (doubl-acc-i) pouvoir participer également à un *poetry slam*. Elle se lève (doubl-acc-i) donc, sort du tiroir des feuilles et un stylo, s'assoit / s'assied au bureau et commence à écrire. Elle écrit des mots clés, des proverbes, des métaphores qui lui plaisent. En plus, elle essaie (doubl-acc-i) de formuler des rimes, mais elle échoue. Les rimes sont banales et elles ne la satisfont (satis*faire*) pas. Livia jette (doubl-acc-i) la feuille à la poubelle.

La deuxième tentative paraît déjà meilleure. Les phrases réussissent (réuss*ir*) à transmettre une idée originale d'un monde irréel. Mais Livia sait qu'elle peut encore faire mieux. Mais plus cette nuit. Elle éteint (pas comme le verbe *attendre,* mais comme *craindre,* avec *–t* à la fin ; voir grammaire p. 13) la lumière et s'endort vite.

Les jours suivants, Livia crée encore une dizaine de textes. Elle les modifie et les complète (doubl-acc-i). Elle s'inscrit même à un *poetry slam* à Bâle le mois suivant. Les derniers jours avant le *slam*, elle s'entraîne à bien présenter son texte.

Le jour du *slam* venu, Livia craint d'oublier le texte sur scène ou de ne pas convaincre les spectateurs. Elle souffre (COCOS) de nausées car elle est tellement nerveuse. Elle va sur scène, prend le microphone en main et ouvre (COCOS) la bouche – mais aucun son ne sort. Les spectateurs perçoivent la nervosité de Livia qui est « *une vierge* », car toutes les personnes qui participent pour la première fois sont considérées et appelées des « *vierges* ». Les spectateurs se mettent à applaudir et à encourager Livia.
Après quelques secondes, Livia prononce ses premiers mots et finit son texte sans faute ni pause. Elle gagne la deuxième place de son premier *poetry slam*.

5. Un weekend à l'*Open Air Heitere*

Benjamin et ses amis, Philipp, Rebecca et Deborah, veulent aller aux concerts de l'*Open Air Heitere*. Ils achètent (doubl-acc-i) des billets sur internet six mois à l'avance car ils ont peur qu'il n'y en ait plus. Benjamin ne connaît pas tous les musiciens, mais selon lui, ça vaut la peine d'y aller. Chaque fois, Benjamin et ses amis découvrent un artiste nouveau qui leur plaît.

Le jour avant l'*Open Air Heitere*, Benjamin reçoit les billets par e-mail et il les imprime avec son imprimante à la maison.

D'ailleurs, les quatre amis font leurs bagages pour passer trois jours sur la colline du *Heitere* sans devoir retourner à la maison. Ils préparent tout ce qui sert pour faire du camping. Ils se réjouissent de passer un weekend formidable.

Finalement, c'est l'heure de monter sur la colline. Benjamin se met en marche, mais Rebecca et Deborah le saisissent par le bras.
Rebecca : « Tu n'oublies rien ? »
Benjamin regarde ses amis de manière surprise et répond convaincu : « Ben, non !! »
Rebecca et Deborah lui tendent les billets, car Benjamin les a laissés sur la table à manger.

Les amis se divertissent beaucoup à écouter les concerts de différents groupes musicaux, cependant ils ne dorment pas beaucoup la nuit du fait que le bruit les tient éveillés. D'ailleurs, dès qu'ils essaient (doubl-acc-i) de fermer les yeux, ils les ouvrent / rouvrent* (COCOS) parce qu'une personne tombe sur leur tente ou chante très fort une des chansons du concert.

Le deuxième jour, les quatre amis prennent leur petit-déjeuner devant leurs deux tentes sur les petites chaises apportées. Tout à coup, on entend un « cric, cric … crack », la chaise se rompt (verbe *-re* avec *-t* à la fin) et Philipp se retrouve par terre. Deborah, Rebecca et Benjamin éclatent de rire, ils se tiennent le ventre et essuient (doubl-acc-i) les larmes qui descendent leurs joues.
C'est une fin de semaine à ne jamais oublier.

* ouvrir = öffnen; rouvrir = wieder öffnen → Les deux verbes sont possibles.

Le futur proche et le passé récent

1. Le futur proche

a. Ce soir, je vais suivre le match de tennis.
b. Dans peu de temps, Alina va terminer sa thèse de doctorat.
c. Dans un moment, le train va entrer en gare.
d. Est-ce qu'ils vont plonger dans la mer ?
e. Je suis fatigué, je vais me coucher* dans une demi-heure.
f. Prochainement, tu vas assister à un spectacle unique.
g. Nous allons inventer une excuse pour expliquer notre retard.
h. Reena et Juliette vont aller faire des courses pour le dîner.
i. Est-ce que vous allez partir ?
j. Eliana va mettre sa plus belle robe pour le bal de ce soir.
k. Demain, je vais déménager et vais aller habiter dans un nouvel appartement.
l. Mes amis vont m'écrire* pour organiser la fête de samedi.
m. Tu vas t'amuser* pendant ton stage à l'étranger.
n. Nous allons nous faire casser* le nez, si nous nous mêlons des affaires personnelles des autres.
o. Si tu ne te dépêches pas, tu vas rater le bus.

* Les pronoms *me, te* et *nous* doivent être directement devant le verbe auquel ils sont liés.

2. Le futur proche pour les avancés

a. Guillaume a vu que la voiture allait être volée, c'est pourquoi il a appelé la police.
b. Madeleine a cru que ses notes allaient baisser.
c. Les enfants pensaient que Saint-Nicolas n'allait pas venir chez eux, parce qu'ils n'avaient pas obéi aux parents.
d. J'étais sûre que ce restaurant dégueulasse allait fermer ses portes prochainement.
e. Je rêvais que nous allions faire un tour du monde.
f. Nous espérions que tu allais gagner le championnat suisse.
g. J'allais me promener avec le chien lorsque ma mère m'a demandé pourquoi je ne l'avais pas encore fait.

3. Le passé récent

a. Philipp vient de partir d'ici.
b. Grace vient de raconter une blague qui nous a fait rire.
c. Je viens de ramasser toutes les feuilles qui s'étaient envolées à cause du vent.
d. Carole vient d'être blessée en jouant au basket.
e. Eléonore et Suzanne viennent de décorer la salle de classe.
f. Nous venons de présenter notre travail de maturité.
g. Tu viens d'organiser ton voyage pour cet été ?
h. Vous venez de vous changer* pour faire du sport.
i. Judith vient de s'entraîner* pour le prochain championnat.
j. Est-ce que tu viens de m'appeler* ?
k. Ils viennent de se déguiser* pour le carnaval de Bâle.
l. Le train vient de quitter la gare, nous sommes arrivés trop tard.
m. Nous venons de voir le nouveau film avec Jennifer Lawrence.
n. Kerstin et Eve viennent de gagner le pari contre David et Daniel.
o. Notre famille vient de s'installer* dans la nouvelle maison.
p. Je viens de boire mon cinquième café pour me réveiller.

* Les pronoms *vous*, *se* et *me* doivent être directement devant le verbe auquel ils sont liés.

4. Le passé récent pour les avancés

a. Claude venait de sortir quand d'un coup il a commencé à pleuvoir fortement.
b. Le Louvre venait de fermer ses portes lorsque je suis arrivée.
c. Est-ce que tu venais de faire des achats pour ta fête d'anniversaire quand nous nous sommes croisés ?
d. J'ai sauvé un chien qui venait de tomber dans un trou.
e. Ils venaient d'apprendre toute la grammaire pour le test lorsqu'ils ont entendu que le professeur était malade et que l'examen n'aurait pas lieu.
f. Nous venions de nous endormir quand le téléphone a sonné.
g. Je venais de remplir la valise lorsqu'elle s'est cassée et que tous mes vêtements sont tombés par terre.

Le temps du passé

1. Formation : le passé composé

a. j'ai tiré
b. tu as trahi
c. il a battu
d. nous avons rompu
e. vous avez obéi
f. ils ont serré
g. je suis parti/partie
h. tu as su
i. elle est morte
j. nous avons offert
k. vous avez lu
l. elles se sont attendues
m. j'ai vécu
n. tu es descendu/descendue
   (= du bist heruntergegangen)
   tu as descendu (quelque chose)
   (= du hast heruntergetragen)
o. il a renvoyé
p. nous sommes repartis
q. vous avez vendu
r. ils ont garanti
s. j'ai achevé
t. tu as été
u. elle s'est endormie
v. nous avons prétendu
w. vous avez rappelé
x. elles ont reçu

2. Formation : l'imparfait

présent	imparfait
a. nous chantons	je chantais
b. nous comprenons	tu comprenais
c. nous écrivons	il écrivait
d. nous rendons	nous rendions
e. nous plaçons	vous placiez (ç – ci → le son reste)
f. nous mettons	ils mettaient
g. nous vieillissons	je vieillissais
h. nous croyons	tu croyais
i. nous avons	elle avait
j. nous nous habillons	nous nous habillions
k. nous sommes	vous étiez
l. nous servons	elles servaient
m. nous tenons	je tenais
n. nous buvons	tu buvais
o. nous finissons	il finissait
p. nous connaissons	nous connaissions
q. nous achetons	vous achetiez
r. nous agissons	ils agissaient

3. Nouilles faites maison – mais en classe

Livia avait depuis longtemps l'idée de préparer des nouilles en classe pendant la semaine au Tessin. Non, elle ne voulait pas acheter des nouilles Barilla et une sauce quelconque, elle s'imaginait faire la pâte pour les nouilles de A à Z.

Janic et Tana se sont mis à disposition pour faire les courses. Ils ont acheté de la farine, des œufs, du sel et des produits qui colorent les nouilles. Janic souffrait beaucoup, tellement il avait faim et pour cette raison il parcourait / a parcouru le magasin et prenait / a pris des produits dont la classe n'avait pas besoin.
Janic continuait toujours à mettre des produits dans la corbeille pendant que Tana les remettait (actions parallèles) dans les rayons.
Finalement, Tana et Janic sont retournés avec tout le matériel. La classe pouvait donc se mettre à cuisiner.

Livia a amené les machines pour former les nouilles et a donné une petite introduction aux autres. Les autres écoutaient avec attention car ils avaient envie de préparer un bon repas.

Ensuite, tous se sont mis au travail. Ils ont sorti (conjugué avec *avoir* parce qu'ils sortent quelque chose ; ils ne sont pas sortis eux-mêmes) les œufs du réfrigérateur. Avec 100 g de farine, ils ont créé un petit tas avec un creux au milieu dans lequel ils ont cassé un œuf. Pendant quelques minutes, chacun pétrissait le mélange pendant que Livia observait et corrigeait (actions parallèles) les autres.
Pour ajouter de la couleur, Grace a choisi la purée de tomates et sa pâte est devenue rouge. Marina, qui adorait le jaune, a versé du safran. Milena au contraire préférait des herbes qu'elle souhaitait intégrer pour obtenir un léger goût de sauge. À Marit, la créative, il ne suffisait pas d'avoir une seule couleur, elle a intégré tous les ingrédients qui colorent, la purée de tomates, le safran et la sauge.
Après avoir formé de jolies boules de pâte, les élèves se sont groupés à trois pour former les nouilles avec la machine. Il y avait une distribution des tâches : Marit mettait la pâte dans la machine, Tana tournait la roue et Marina tenait les nouilles lorsqu'elles sortaient (actions répétées). Pour les sécher, Grace plaçait / a placé les nouilles sur une corde qui traversait toute la cuisine. Entretemps, Elise cuisinait une sauce tomate. Et au bout d'une heure, le dîner était prêt.
Toute la classe s'est assise à table pour dévorer avec beaucoup d'appétit un repas entièrement « fait maison ». Jamais des nouilles à la sauce tomate n'ont été meilleures.

4. La *Marseillaise* – l'hymne national de la France

La *Marseillaise* a été (pc → parce qu'elle n'est plus le chant de la Révolution) un chant patriotique de la Révolution française que la France a adopté comme hymne national : une première fois par la Convention pour une durée de neuf ans du 14 juillet 1795 jusqu'à l'Empire en 1804, puis définitivement en 1879 sous la Troisième République.

Histoire de l'hymne

Début : Claude Joseph Rouget de Lisle, capitaine du Génie à Strasbourg, a écrit / avait écrit les six premiers couplets dans la nuit du 25 au 26 avril 1792 pour l'Armée du Rhin à Strasbourg, à la suite de la déclaration de guerre de la France à l'Autriche. Dans ce contexte originel, c'était : un chant de guerre révolutionnaire ; un hymne à la liberté ; un appel patriotique à la mobilisation ; un appel au combat contre la tyrannie et l'invasion des étrangers.
Chant national : On a déclaré la *Marseillaise* chant national le 14 juillet 1795. On a abandonné de nouveau le chant national de 1804 sous l'Empire jusqu'en 1930 et on l'a remplacé par le *Chant du départ*. En 1830, on a repris la *Marseillaise* pendant la révolution des Trois

Glorieuses qui a porté (le fait de porter Louis-Philippe Ier au pouvoir a lieu à un moment précis, pour cela il faut mettre le passé composé) Louis-Philippe Ier au pouvoir. Berlioz en a élaboré une orchestration. En 1871, la *Marseillaise* est devenue l'hymne de la Commune de Paris. Les élites politiques de la Troisième République pourtant consideraient / ont considéré la *Marseillaise* comme une chanson blasphématoire. Pour cette raison, on a composé une musique pour un nouvel hymne appelé *Vive la France*. C'était un chant plus pacifique que celui de la *Marseillaise*.

Mais, étant donné que le peuple avait peur d'un retour de la monarchie, il a redécouvert le caractère d'émancipation de la *Marseillaise* et en a fait pour la troisième fois l'hymne national le 14 février 1879. C'était donc la Troisième République qui a proclamé la *Marseillaise* hymne national. En 1887, on en a adopté une version « officielle » et unique pour célébrer le centenaire de la Révolution. On voulait glorifier la république.

En plus, Maurice Faure, ministre de l'Instruction publique, a instauré l'obligation d'apprendre la *Marseillaise* à l'école en 1911.

Seconde Guerre mondiale : Pendant la Seconde Guerre mondiale, la *Marseillaise* était / a été interdite dans la zone occupée. C'était en effet le commandement militaire allemand qui a interdit / avait interdit de la jouer et de la chanter à partir du 17 juillet 1941, mais elle restait / est restée autorisée dans la zone libre. D'ailleurs, le chant *Maréchal, nous voilà !* accompagnait souvent / a souvent accompagné la *Marseillaise*.

Son caractère d'hymne national est à nouveau affirmé dans l'article 2 de la Constitution du 27 octobre 1946 par la Quatrième République et en 1958 par l'article 2 de la Constitution de la Cinquième République française.

Aujourd'hui : Dernièrement, avec les évolutions actuelles de la société, le peuple français avait tendance à mettre en question la *Marseillaise* pour la violence de son texte.

Musique

Valéry Giscard d'Estaing a fait diminuer le tempo de la *Marseillaise* afin d'en retrouver le rythme originel.

Différents titres

Initialement, elle a porté (pc → parce que ce n'est plus comme cela) différents noms : *Chant de guerre pour l'armée du Rhin* ; *Chant de marche des volontaires de l'armée du Rhin*.

Le 22 juin 1792, le docteur François Mireur est venu à Marseille afin d'organiser et de coordonner les départs de volontaires du Midi (de Montpellier et de Marseille) vers le front. Il a entendu la *Marseillaise* pour la première fois à Marseille. Ce chant transmettait l'atmosphère patriotique et enthousiaste du moment. Pour ceci on a imprimé le chant sous le nom *Chant de guerre aux armées des frontières sur l'air de Sarguines*.

En juillet 1792, on a distribué une version différente de ce chant aux volontaires marseillais qui le chantaient / l'ont chanté pendant toute leur marche de Marseille à Paris.

Ils l'ont chanté également lors de leur entrée triomphale à Paris, le 30 juillet 1792. Immédiatement, la foule parisienne, sans se préoccuper de ses différents noms, a baptisé ce chant : la *Marseillaise*. Ce titre paraissait simple et avait l'avantage de marquer de Strasbourg à Marseille, de l'Est au Midi, l'unité de la Nation. Écrite au Nord, chantée au Sud, elle unissait / a uni le pays.

De la rue Thubaneau aux Champs-Élysées, le chant de Rouget de Lisle est devenu l'hymne des Marseillais et bientôt la *Marseillaise*. De fait, on pense souvent à tort qu'elle avait été écrite à Marseille, mais c'était à Strasbourg, rue de la Mésange.

5. Formation : le plus-que-parfait

a. j'avais noté
b. tu avais appris
c. il avait reçu
d. nous avions peint
e. vous aviez affirmé
f. ils avaient commis (com-mettre)
g. j'avais grandi
h. tu avais bu
i. elle était morte
j. nous étions sortis
k. vous aviez été
l. elles avaient agi
m. j'avais mâché
n. tu t'étais maquillé(e)
o. il avait paru
p. nous avions conduit
q. vous aviez payé
r. ils étaient tombés

6. Voyage scolaire en Roumanie – partie I

En avril, la classe 3D est partie en voyage scolaire d'une semaine à l'étranger.
Au début de la troisième année du gymnase, les élèves avaient choisi comme destination un pays pas trop connu : la Roumanie. Pendant de longues leçons de classe, ils avaient discuté des choses à voir et avaient organisé le transport, les logements et les activités.

Finalement, le jour du départ est arrivé. Les élèves ont pris le train pour aller à l'aéroport de Bâle et heureusement, le train n'était pas en retard. Arrivés à l'aéroport, ils ont passé le contrôle et ont acheté encore un petit-déjeuner, car il fallait encore attendre l'embarquement. Lorsque l'hôtesse de l'air a annoncé qu'on pouvait passer à l'embarquement, les élèves se sont mis à faire la queue. Ils ont sorti (conjugué avec *avoir* parce qu'ils sortent quelque chose ; ils ne sont pas sortis eux-mêmes) de leurs sacs les billets qu'ils avaient imprimés (l'accord se fait avec le pronom relatif *que*; voir grammaire p. 56) à la maison.
Un élève après l'autre se faisait contrôler lorsque, d'un coup, la machine qui scanne les billets a refusé le document de Michèle. Celle-ci, un peu nerveuse, s'est retournée et a cherché la prof qui attendait quelques mètres plus loin.

La professeur qui avait fait le check-in en ligne la semaine précédente était étonnée de voir qu'un élève après l'autre quittait la queue parce que l'hôtesse de l'air leur a demandé / avait demandé d'attendre à l'écart. Il s'agissait de la moitié de la classe qui ne figurait pas comme « checked-in ».
Les onze élèves mis à l'écart avaient l'air irrités et inquiets. La prof a interrogé l'hôtesse de l'air qui avait parlé / parlait au téléphone avec des techniciens. Apparemment, il y avait eu un problème technique la nuit d'avant et le serveur de la compagnie aérienne essayait à cet instant de résoudre le problème. Au bout de quinze minutes, toute la classe a pu passer l'embarquement.

Arrivés à bord, les élèves et les deux profs se sont installés dans leurs sièges et ont attendu (une action après l'autre ; d'abord ils s'assoient, puis ils attendent) le départ de l'avion pour Cluj. Marit, qui aimait voler, chantait sans interruption la chanson : « Über den Wolken muss die Freiheit wohl grenzenlos sein », tandis que Nina s'amusait à faire peur aux autres en parlant de bruits étranges. Elle a promis : « En tout cas, chaque avion retourne à terre. » Cette promesse ne calmait pas / n'a pas calmé les élèves nerveux, mais au bout d'une heure et demie, l'avion a atterri à Cluj en Roumanie.

7. Voyage scolaire en Roumanie – partie II

Le voyage en Roumanie prévoyait la visite de différentes villes. La 3D se considérait comme chanceuse car l'une des élèves, Roxana, était née en Roumanie et parlait parfaitement la langue locale. C'était elle qui organisait les taxis dans les villes et qui s'informait à propos des restaurants auprès des réceptionnistes dans les auberges.

Après une première nuit passée à Cluj, la classe est montée dans un bus pour visiter le château du comte Vlad II Dracul, connu sous le nom de « Dracula ». Pour se protéger de Dracula, la professeur avait distribué de l'ail avant de partir en Roumanie. Il ne fallait donc pas avoir peur d'être mordu.
Après avoir visité le château, la classe 3D est arrivée à Timisoara, l'une des plus belles villes de Roumanie. La beauté des maisons et des parcs a surpris / surprenait (sur-prendre) tout le monde. Les élèves ont visité entre autres la cathédrale orthodoxe impressionnante et le musée de la révolution de 1989 contre le dictateur Ceauşescu.

La classe avait / a eu de la chance, car l'auberge comptait uniquement trois dortoirs et donc la classe occupait à elle seule toute l'auberge. Par conséquent, il ne fallait pas être très silencieux pour ne pas déranger les autres.
Après une longue journée à Timisoara, tous les élèves se sont assis sur la grande terrasse de l'auberge à laquelle on pouvait accéder depuis l'un des dortoirs. Les élèves ont ouvert une bouteille de prosecco et se sont mis à bavarder. Une heure plus tard, les professeurs, qui s'étaient couchés un peu avant, pouvaient / ont pu entendre les élèves qui chantaient de vieux tubes comme *Yellow Submarine* à tue-tête.
Toute la classe était occupée à chanter lorsque tout à coup, une créature s'est présentée derrière Melis. Cette créature était venue du jardin. Melis a poussé un cri de peur et est presque tombée de la chaise. Le reste de la classe a rigolé car la créature était le gardien de l'auberge qui voulait / a voulu uniquement demander de baisser le volume du joli chant des élèves.

8. Voyage scolaire en Roumanie – partie III

Après que le gardien de l'auberge était retourné dans son bureau, la classe a décidé de continuer la petite fête à l'intérieur.
Pendant que certains élèves se préparaient pour aller se coucher, d'autres s'entretenaient (s'entre-tenir) encore sur ce qui était arrivé peu avant.
Au bout d'un moment, les filles se sont retirées dans leurs dortoirs et les garçons sont retournés dans le leur. Encore pleins d'énergie et pris d'un peu de folie, des garçons se sont lancés dans une compétition de danse. Chacun a essayé / essayait de montrer son meilleur mouvement, mais Diego a voulu battre les autres. Il s'est appuyé à une étagère et a dansé le « twerk ». Plus ses membres bougeaient, plus il se sentait euphorique. Au moment de faire LA grande finale, il a posé ses mains par terre afin de lancer ses pieds en l'air. Quelle élégance, quel talent d'acrobate… jusqu'au moment où son pied gauche a touché la fenêtre. Le verre s'est brisé en mille morceaux, laissant une mosaïque par terre.

Le grand bruit a réveillé les élèves qui dormaient déjà. Par chance, les profs se trouvaient dans des chambres de l'autre côté de l'auberge et continuaient à dormir tranquillement. La dernière étape et donc la troisième ville était Bucarest, la capitale de la Roumanie. Pour y arriver, ils ont dû prendre le train de nuit. Les élèves avaient réservé et (ils avaient) acheté les billets en Suisse. Pour certains élèves, c'était la première fois dans un train de nuit, mais ils aimaient bien cette expérience même si le bruit les maintenait réveillés la moitié du voyage.

À Bucarest, la classe a suivi une visité guidée intéressante à travers la ville et les élèves ont pu faire des interviews avec les habitants.

C'était à Bucarest lors d'une soirée au restaurant que Diego a avoué à la prof qu'il avait cassé une vitre dans l'auberge à Timisoara. Il a rougi en expliquant qu'il avait dansé ce soir-là. En voyant Diego en difficulté d'explication, le reste de la classe a applaudi.

Cluj, Timisoara, Bucarest – un voyage à ne jamais oublier!

Le futur

1. Formation : le futur simple

a. je sauterai
b. tu comprendras
c. il grossira
d. nous plaindrons
e. vous jetterez (doubl-acc-i)
f. ils courront
g. j'irai
h. tu essuieras (doubl-acc-i)
i. elle prétendra
j. nous souffrirons
k. vous vous afficherez
l. elles diront
m. j'apercevrai
n. tu vendras
o. il renverra
p. nous rentrerons
q. vous mourrez
r. ils boiront
s. je rejoindrai
t. tu achèteras (doubl-acc-i)
u. elle pourra
v. nous viendrons
w. vous conjuguerez
x. elles recevront

2. Le futur est (in)certain

Elias :	Quand je serai grand, je deviendrai pilote.
Anne :	Moi, j'irai vivre au Japon parce que j'aime manger avec des baguettes.
Les jumelles Vivienne et Noëmi :	Nous voyagerons à travers le monde et nous nous marierons avec des hommes d'un autre pays.
Elias :	Mais vous ne vous sentirez pas tristes d'habiter loin de la Suisse?
Les jumelles :	Non, nous pourrons toujours retourner rendre visite.
Maverik :	Moi, à 30 ans, j'aurai une belle femme et cinq enfants. Le premier enfant naîtra lorsque j'aurai 21 ans. Et ma femme restera à la maison et gardera les enfants.

Sarah :	Cinq enfants… !! C'est trop. Je ne veux pas d'enfants. Je ferai une grande carrière. Vous me verrez comme modèle à des défilés de mode… À Paris, à New York et partout.
Samira :	J'essaierai (doubl-acc-i) d'entrer à l'université pour devenir médecin. Ainsi, j'étudierai l'anatomie et les médicaments et finalement, je travaillerai dans un hôpital comme mon père. Je guérirai des patients qui ont des maladies graves.
Maverik :	Et tes frères ?
Samira :	Ils gagneront leur argent dans une banque ou une entreprise.

Quand l'éducatrice entend la discussion, elle raconte ce que John Lennon, le musicien, avait dit à propos de ce qu'il voulait être : […]
En plus, l'éducatrice ajoute : Vous pourrez faire ce que vous voulez et devenir qui vous désirez, mes enfants. Mais la chose la plus importante est d'être heureux.

3. La météo

Solutions possibles :
Demain, le soleil brillera et il fera 25 degrés. Le soir, de gros nuages arriveront et couvriront le ciel. Vers 22 heures, il commencera à pleuvoir. Etc.

4. Formation : le futur antérieur

a. je me serai baladé(e)
b. tu auras appris
c. il sera mort
d. nous aurons peint
e. vous aurez appelé
f. ils auront parcouru (comme *courir*)
g. je serai tombé(e)
h. tu auras grimpé
i. elle se sera lavée
j. nous serons revenus / revenues
k. vous aurez su
l. ils seront partis
m. j'aurai senti
n. tu auras mis

5. Seulement lorsque…

Michelle se pose beaucoup de questions sur notre monde, la nature et la pollution. Elle décide de joindre Greenpeace pour lutter contre la destruction de notre environnement.
Un jour, elle tient un discours dans les rues.
Seulement lorsque l'homme aura détruit toutes les forêts, il se plaindra des avalanches de pierres dont il est la cause.
Seulement lorsque l'homme aura tué chaque animal, il remarquera qu'il cherche la compagnie de ces créatures.
Seulement lorsque l'homme aura pollué toutes les mers avec du plastique, il saura que les poissons sont également remplis de plastique.
Seulement lorsque l'homme aura empoisonné la dernière rivière et le dernier lac, il ne boira que de l'eau en bouteille produite par les usines et en sera mécontent.
Au moment où il n'y aura plus assez d'eau, les êtres humains se rendront compte qu'ils n'auraient pas dû utiliser autant d'eau pour l'industrie.

Seulement lorsque le soleil tapera trop fort et que les hommes tomberont / seront tombés malades, ils connaîtront les effets nocifs des avions et des voitures.
Seulement lorsque nos légumes n'auront plus de vitamines et que l'homme manquera d'énergie, on comprendra la vérité cruelle : l'homme ne peut pas vivre sans la terre qui nous nourrit. Il aurait dû faire attention à elle dans le passé.
Écoutez et réécoutez la chanson de Stress « On n'a qu'une terre » et vous apprendrez peut-être quelque chose.

6. Une jeune femme très politique

C'est dimanche, Nina se prépare pour commencer une lutte contre l'entreprise NESIOO à partir de lundi. Elle réfléchit aux actions qu'elle fera à partir du jour suivant :
« Premièrement, j'irai à la Place fédérale demain après-midi et je parlerai de NESIOO et de sa stratégie commerciale avec l'eau.
Auparavant, tôt le matin, j'aurai dessiné des affiches et j'aurai écrit des citations extraites des publications de NESIOO.
L'après-midi, sur la Place fédérale, je citerai ce que NESIOO a dit : « L'eau n'est pas un droit humain. » NESIOO a tort.
J'essaierai (doubl-acc-i) d'expliquer aux gens que NESIOO ne changera pas si on ne critique pas cette entreprise en public. J'espère que les personnes qui m'écouteront signeront ma pétition. Je répéterai (doubl-acc-i) encore et encore les citations de NESIOO.
Mon ami politique, Martin, m'apportera la pétition qu'il aura préparée (accord à cause du pronom relatif *que*; voir grammaire p. 56) à la dernière minute avant de venir sur la Place fédérale.

Il faudra avoir au moins 10 000 signatures. Ainsi, je pourrai les montrer à NESIOO et leur dire : « Vous devrez changer prochainement. Les Suisses ne veulent plus de votre corruption et de votre manière d'exploiter les ressources de base. Les Suisses arrêteront d'acheter votre eau. Le jour viendra où NESIOO perdra / aura perdu tout le soutien et aura peur que son action perde sa valeur. »

Si, un jour, NESIOO change de mentalité, j'aurai bien fait mon travail.

L'impératif

1. Formation : l'impératif

a. disparais
b. sautez
c. calme-toi
d. lisons
e. levez-vous
f. crie
g. maigrissez
h. va
i. sachez
j. vas-y
k. ayez
l. taisez-vous
m. maquillons-nous
n. sors
o. veuillez
p. écoutons
q. sens
r. dis

2. L'impératif négatif

a. Ne chante pas une / de chanson.
b. Ne cuisinez pas la / de viande.
c. Ne sortons pas.
d. Ne le donne pas.
e. Ne les montrez pas.
f. Ne vous cachez pas.
g. Ne te retourne pas.
h. Ne les leur montrez pas.
i. Ne les salue pas.
j. Ne vous lavez pas.
k. Ne nous couchons pas.
l. Ne la lui indique pas.

3. Histoires Disney

A. *Cendrillon* (= *Cinderella*)

Cendrillon, nettoie nos chambres. Ensuite, donne à manger aux animaux. Va au magasin et achète (doubl-acc-i) tout ce qui est écrit sur cette liste.
Après, fais un bon dessert pour ce soir et range toute la vaisselle. Lave le sol par la suite.
Ensuite, finis les devoirs que tes demi-sœurs ne veulent pas faire.
Et Cendrillon, cours, dépêche-toi et ne traîne pas.

B. *Les 101 dalmatiens*

Madame d'Enfer, réfléchissez à ce que vous avez fait et essayez de vous améliorer. Mettez-vous dans la peau des autres personnes et imaginez comment les autres se sentent. Regrettez vos actes et faites mieux dans le futur.

C. *Blanche-Neige et les sept nains*

Mes amis, lavez-vous le matin avant de sortir.
Atchoum et Dormeur, mettez la main devant la bouche si vous éternuez ou si vous bâillez.
Doc, ne sois pas trop sévère avec les autres six et aie un peu de patience.
Et Grincheux, souris de temps en temps. Joyeux aide Grincheux à être un peu plus joyeux.
Simplet et Timide, préparez les légumes ou une salade le soir car il faut que vous en mangiez.
Voici encore quelques règles pour tous : À table, ne mangez pas avec la bouche ouverte, coupez la viande en petits morceaux et ne remplissez pas trop votre plat.

4. Une recette française typique : les galettes

Impératif : **TU**	Impératif : **VOUS**
mélange	mélangez
verse	versez
remue	remuez
ajoute	ajoutez
laisse reposer	laissez reposer
fais fondre	faites fondre
verse	versez
répands / répands-la*	répandez / répandez-la*
attends	attendez
retourne	retournez
cuis	cuisez
beurre	beurrez
mets	mettez
casse	cassez
sale / sale-le*	salez / salez-le*
poivre	poivrez
rabats	rabattez

* Si un pronom accompagne un impératif, il y est lié avec un trait d'union ; voir grammaire p. 29.

Le conditionnel

1. Formation : le conditionnel présent

a. je me moquerais
b. tu fondrais
c. il mourrait (irr)
d. nous éplucherions
e. vous guéririez
f. ils refroidiraient
g. je décevrais (irr)
h. tu recevrais (irr)
i. elle se lèverait (doubl-acc-i)
j. nous élargirions
k. vous ordonneriez
l. elles sècheraient (doubl-acc-i)
m. je pourrais (irr)
n. tu reverrais (irr)
o. il pleuvrait (irr)
p. nous créerions
q. vous mettriez
r. ils descendraient
s. je creuserais
t. tu enivrerais

2. La politesse

a. Je voudrais voir les étoiles.
   J'aimerais voir les étoiles.
   Je souhaiterais voir les étoiles.

b. Pourriez-vous me donner mon billet ?
   Est-ce que vous pourriez me donner mon billet ?
   Auriez-vous la gentillesse de me donner mon billet ?

c. Pourriez-vous me donner un coup de main ?
   Auriez-vous la gentillesse de me donner un coup de main ?

d. Tu devrais travailler plus.
   Il faudrait* que tu travailles plus.

e. Auriez-vous la gentillesse de me dire l'heure ?

f. Ils pourraient nous aider plus !
   Ils devraient nous aider plus !

g. Il aimerait partir le weekend.
   Il désirerait partir le weekend.
   Il voudrait partir le weekend.
   Il souhaiterait partir le weekend.

h. Je souhaiterais avoir plus de temps libre.
   Je désirerais avoir plus de temps libre.
   Je voudrais avoir plus de temps libre.
   J'aimerais avoir plus de temps libre.

i. Il vaudrait mieux* ne pas manger trop tard le soir.
   Il serait mieux* de ne pas manger trop tard le soir.

* Les expressions suivantes sont toujours impersonnelles (= unpersönlich) : il faut – il faudrait /
  il vaut mieux – il vaudrait mieux / il est mieux de – il serait mieux de

3. Il faut savoir rêver

a. Personne ne commencerait une guerre.
b. Tous seraient acceptés comme ils sont.
c. On ne travaillerait que trente heures par semaine.
d. Les politiciens comprendraient l'importance de la protection de la nature.
e. Les hôpitaux ne coûteraient rien. L'État payerait / paierait tout.
f. La haine et la jalousie n'existeraient nulle part.
g. Personne ne souffrirait de faim.
h. Tout le monde aurait accès à l'éducation.
i. Les entreprises feraient attention à la durabilité.
j. On profiterait de beaucoup de temps libre.

4. Une vie sans nouvelles technologies

Parfois je me pose les questions suivantes : Comment serait la vie sans nouvelles technologies ? Que se passerait-il si tous les ordinateurs, les téléphones portables et internet ne fonctionnaient* plus ?

Je me l'imagine ainsi :
Les personnes marcheraient dans les rues et regarderaient ce qui les entoure avec grande attention. Ils apprécieraient les fleurs, les beaux bâtiments et un visage sympathique qui les croiserait.
Personnellement, je ne serais plus joignable à tout moment. Personne ne pourrait me contacter à chaque instant. Il faudrait de nouveau envoyer des lettres ou aller voir les autres personnes.
Dans le train ou dans le bus, on parlerait avec la personne assise à côté au lieu de regarder un petit écran. On profiterait d'un court voyage en train pour se reposer et se relaxer sans répondre à des mails ou des SMS. Tout paraîtrait moins stressant.
Certes, on devrait emmener un appareil photo lourd afin de prendre des photos, ce qui serait moins pratique qu'avec le smartphone. Par ailleurs, on se souviendrait mieux des numéros de téléphone et des adresses car nos cerveaux s'entraîneraient régulièrement. Sans Facebook, Instagram ou Snapchat, on garderait moins le contact avec les personnes qui habitent loin, mais on en aurait plus avec ceux qui sont proches. Sans aucun doute, Facebook, Instagram ou Snapchat sont de bons passe-temps qui amusent, mais sans ces applications je ferais des choses peut-être plus intéressantes et je découvrirais d'autres activités. Je lirais des journaux imprimés sur papier – comme au bon vieux temps…
Concernant les livres, on continuerait à alimenter et compléter les bibliothèques car les livres numériques ne fonctionneraient pas non plus.
Et même à l'école, les élèves seraient forcés de prendre des notes à la main ou de recopier ce que le prof a écrit au tableau noir et ils n'en prendraient pas une photo.

* pour respecter la concordance des temps (Zeitenfolge / Übereinstimmung der grammatikalischen Zeiten), il faudrait modifier le verbe au présent *fonctionnent* et mettre le verbe à l'imparfait *fonctionnaient* car il s'agit ici d'une phrase hypothétique; voir grammaire p. 33, usage 2b *Possible car dans le présent*.

5. Des conseils

Réponses libres

6. Formation : le conditionnel passé

a. je me serais placé(e)
b. tu aurais exclu
c. elle aurait vécu
d. vous auriez masqué
e. tu aurais reproduit (re-produire)
f. il aurait commis (com-mettre)
g. nous serions parti(e)s
h. ils auraient brûlé
i. elles auraient mâché
j. j'aurais inspiré
k. tu aurais récapitulé
l. il aurait tenu
m. nous aurions combattu
n. je me serais maquillé(e)
o. vous auriez garni
p. il aurait défendu
q. nous aurions chauffé
r. vous seriez né(e)(s) (**vous** pourrait être un homme, une femme ou plusieurs personnes. Pour cela, l'accord peut varier.)

7. Le « Konjunktiv » allemand

a. Avec (un peu) plus d'entraînement, Jonathan aurait gagné le tournoi.
Jonathan aurait gagné le tournoi avec (un peu) plus d'entraînement.

b. Sans animal domestique, beaucoup de gens seraient plus seuls.
Beaucoup de gens seraient plus seuls sans animal domestique.

c. Avec internet, j'écrirais quelques messages WhatsApp maintenant.
Si j'avais internet, j'écrirais quelques messages WhatsApp maintenant.
(phrase hypothétique)

d. Sans devoirs, on apprendrait moins.
On apprendrait moins sans devoirs.

e. Je serais perdu(e) sans mon téléphone portable.
Sans mon téléphone portable, je serais perdu(e).

f. J'aimerais / Je voudrais lire plus, mais j'ai trop peu de temps.
J'aimerais / Je voudrais lire plus, mais je n'ai pas assez de temps.

g. Avec un abonnement, Tim ne devrait pas faire la queue au guichet.
Tim ne devrait pas faire la queue au guichet s'il avait un abonnement.

h. Le temps pour la fête serait meilleur en août.
En août, le temps pour la fête serait meilleur.

i. Pour sa famille, il irait jusqu'au bout du monde.
Il irait au bout du monde pour sa famille.

j. Il faudrait se voir plus souvent.
(On devrait se voir plus souvent.)

La phrase hypothétique

1. Le conditionnel – la phrase hypothétique

a. Si j'ai le temps, je voyagerai.
Si elle a le temps, elle voyagera.

b. Si j'ai sommeil, j'irai me coucher.
Si nous avons sommeil, nous irons nous coucher.

c. Si j'invite mes amis à dîner, je ferai un menu à quatre plats.
Si tu invites tes amis à dîner, tu feras un menu à quatre plats.

d. Si je m'entraînais plus, je jouerais plus de matchs.
S'ils s'entraînaient plus, ils joueraient plus de matchs.

e. Si j'avais mal au dos, je ferais plus de sport.
   Si vous aviez mal au dos, vous feriez plus de sport.
   Si je faisais plus de sport, j'aurais mal au dos.
   Si vous faisiez plus de sport, vous auriez mal au dos.

f. Si j'étais stressé(e), je prendrais un bain.
   Si elle était stressée, elle prendrait un bain.

g. Si je ne m'étais pas cassé* la jambe, je serais allé(e) skier.
   Si nous ne nous étions pas cassé* la jambe, nous serions allé(e)s skier.
   Si j'étais allé(e) skier, je me serais cassé* la jambe.
   Si nous étions allé(e)s skier, nous nous serions cassé* la jambe.
   *On ne met pas d'accord, parce que l'objet direct suit le verbe : la jambe; voir grammaire p. 21.

h. Si je n'avais pas été en retard, j'aurais encore attrapé l'avion.
   Si elles n'avaient pas été en retard, elles auraient encore attrapé l'avion.

i. Si je m'étais trompé(e) de direction, je ne serais pas arrivé(e) avant minuit.
   S'il s'était trompé de direction, il ne serait pas arrivé avant minuit.

2. Le conditionnel – la phrase hypothétique II

Réponses libres, voici quelques exemples.
a. Si j'avais 3 millions de francs, j'achèterais une grande maison, je ferais le tour du monde et je donnerais le reste à une organisation caritative.
b. Si je pouvais voyager dans le temps, j'irais à la cour de Louis XIV et je découvrirais la vie à Versailles.
c. Si j'étais le président des États-Unis, j'arrêterais toutes les guerres commencées par mon pays.
d. Si j'étais invisible, je jouerais des tours à tout le monde.
e. Si j'étais un homme / une femme, je tenterais de comprendre l'autre sexe.
f. Si je pouvais changer quelque chose sur terre, j'arrêterais la famine.
g. Si je possédais des pouvoirs magiques, je me téléporterais et je partirais en vacances chaque soir après le travail.
h. Si je pouvais être une autre personne, je ferais partie de *Médecins sans frontières* et j'essaierais de faire le bien.

3. Le conditionnel – la phrase hypothétique III

a. Si tu étais plus âgé, tu verrais le danger de l'internet autrement. (possible)
   Si tu avais été plus âgé, tu aurais vu le danger de l'internet autrement. (impossible)
b. Si René rate son examen, il ne pourra pas faire des études universitaires. (réel)
   Si René ratait son examen, il ne pourrait pas faire des études universitaires. (possible)
   Si René avait raté son examen, il n'aurait pas pu faire des études universitaires. (impossible)
   Si René avait raté son examen, il ne pourrait pas faire des études universitaires. (maintenant) (mélangé : passé et présent)

c. Si on sait plusieurs langues, on trouvera un travail. (réel)
Si on savait plusieurs langues, on trouverait un travail. (possible)
Si on avait su plusieurs langues, on aurait trouvé un travail. (impossible)
Si on savait plusieurs langues, on aurait trouvé un travail. (mélangé : affirmation générale et passé)

d. Si Sandrine va en France, elle vous enverra une carte postale. (réel)
Si Sandrine allait en France, elle vous enverrait une carte postale. (possible)
Si Sandrine était allée en France, elle vous aurait envoyé une carte postale. (impossible)

e. Claudine a dit que si elle se marie un jour, elle invitera 500 personnes. (réel)
Claudine a dit que si elle se mariait un jour, elle inviterait 500 personnes. (possible)

f. Si j'avais travaillé plus l'été dernier, j'aurais plus d'argent maintenant.
(mélangé : passé et présent)

g. Si elle n'aimait pas les animaux, elle ne travaillerait pas chez un vétérinaire. (possible)
Si elle n'aimait pas les animaux, elle n'aurait pas travaillé chez un vétérinaire.
(mélangé : affirmation générale et passé)
Si elle n'avait pas aimé les animaux, elle n'aurait pas travaillé chez un vétérinaire. (impossible)

h. Pierre aurait acheté un bateau s'il avait gagné au loto la semaine passée. (impossible)
Pierre achèterait un bateau s'il avait gagné au loto la semaine passée.
(mélangé : présent et passé)

i. Martine ne fréquenterait pas le théâtre, si elle n'admirait pas les acteurs et les chanteurs. (possible)
Martine n'aurait pas fréquenté le théâtre, si elle n'avait pas admiré les acteurs et les chanteurs. (impossible)
Martine n'aurait pas fréquenté le théâtre, si elle n'admirait pas les acteurs et les chanteurs. (mélangé : passé et affirmation générale)

4. Le conditionnel – la phrase hypothétique IV

a. Si tu n'arrêtes pas de fumer, je le dis/dirai à tes parents.
b. Si Roger détestait les voitures rapides, il n'aurait pas une Porsche.
Si Roger détestait les voitures rapides, il n'aurait pas eu une Porsche.
c. Si Sandra cuisine une fondue, Jean viendra volontiers dîner.
Si Sandra cuisinait une fondue, Jean viendrait volontiers dîner.
d. Si Gisèle avait appris à nager, elle traverserait le Rhin à la nage (maintenant).
Si Gisèle n'avait pas appris à nager, elle n'aurait pas traversé le Rhin à la nage.
e. Il aurait mauvaise conscience s'il n'avait pas rendu l'argent volé.
Il n'aurait pas mauvaise conscience (maintenant) s'il avait rendu l'argent volé.
f. Si je t'aide toujours, tu n'apprendras rien.
Si je t'aidais toujours, tu n'apprendrais rien.
g. Si Pauline n'a pas de temps, elle écrira moins souvent.
Si Pauline n'avait pas de temps, elle écrirait moins souvent.
Si Pauline n'avait pas eu de temps, elle aurait écrit moins souvent.

Temps et modes : Le subjonctif

h. Si Nadia avait mal à la tête, elle aurait dû prendre un comprimé.
   Si Nadia avait eu mal à la tête, elle aurait dû prendre un comprimé.
i. Si j'avais gagné 1000 euros, j'aurais acheté une télévision énorme.
j. Si j'étais rentré chez moi en métro, j'aurais mis une heure.

Le subjonctif

1. Formation : le subjonctif présent

présent	subjonctif	présent	subjonctif
a. ils **mang**ent	je mange	m. ils **attend**ent	j'attende
b.	tu puisses	n.	tu ailles
c. ils **vienn**ent	il vienne	o. ils **reçoiv**ent	il reçoive
d. nous **part**ons	nous partions	p. nous **saut**ons	nous sautions
e. nous **finiss**ons	vous finissiez	q. nous **ouvr**ons	vous ouvriez
f. ils **prenn**ent	ils prennent	r. ils **grossiss**ent	ils grossissent
g. ils **mett**ent	je mette	s. ils **écriv**ent	j'écrive
h. ils **souri**ent	tu souries	t. ils **chuchot**ent	tu chuchotes
i.	elle soit	u. ils **dorm**ent	elle dorme
j.	nous ayons	v. nous **vend**ons	nous vendions
k. nous **buv**ons	vous buviez	w. nous **dis**ons	vous disiez
l. ils **jett**ent	elles jettent	x. ils **achèt**ent	elles achètent

2. L'usage du subjonctif

A. Usages a–d

a. <u>J'exige que</u> vous appreniez (subj) votre leçon. (volonté) (exiger = verlangen ; j'exige = je veux)
b. <u>Je pense que</u> c'est (prés) le moment d'agir. (balance)
c. <u>Je ne crois pas que</u> ce soit (subj) la bonne solution. (balance)
d. Ses parents <u>interdisent qu'</u>elle sorte (subj) ce soir. (volonté) (interdire = verbieten ; ils interdisent = ils ne veulent pas)
e. <u>Je veux que</u> vous fassiez (subj) un effort pour ne plus vous disputer. (volonté)
f. <u>Je m'étonne que</u> vous soyez (subj) déjà à la maison ! (sentiment)
g. <u>Il est nécessaire que</u> vous entendiez (subj) ce qu'il a à dire. (expression impersonnelle)
h. Le professeur dit que cette année peut (prés) / pourra (futur) être décisive pour moi.
i. <u>Il est inacceptable qu'</u>on puisse (subj) faire une telle erreur. (expression impersonnelle)
j. <u>Je sais que</u> je peux (prés) loger chez mon amie. Elle me l'a dit. (balance)
k. <u>J'ai peur que</u> tous les élèves soient (subj) punis ! (sentiment)
l. <u>Il est important que</u> nous arrivions (subj) deux heures avant l'embarquement. (expression impersonnelle)
m. <u>Crois-tu qu'</u>un tatouage m'aille (subj) bien ? Ou <u>est-ce que tu penses</u> que c'est (prés) une mauvaise idée ? (balance)
n. <u>Il faut que</u> les enfants mangent (subj) assez de légumes. (volonté)
o. Pascale <u>trouve que</u> la télé est (prés) inutile. (sentiment, boîte grise p. 34)

p. Nous <u>espérons qu</u>'il fait (prés) / fera (futur) beau temps samedi. (sentiment, boîte grise p. 34)
q. Ma mère <u>est en colère que</u> le chien n'apprenne rien (subj). (sentiment)
r. Les élèves <u>se réjouissent que</u> les vacances approchent (subj) rapidement. (sentiment)
s. <u>Il est évident que</u> le président des États-Unis a (prés) plus de pouvoir que le président de la France. (expression impersonnelle, boîte grise)
t. Linda <u>craint que</u> les billets pour le concert de ZAZ soient (subj) épuisés. (sentiment)
u. <u>Il est nécessaire que</u> le chef sache (subj) donner des ordres clairs, sinon les employés sont énervés. (expression impersonnelle)
v. Nous <u>sentons que</u> Marlise ne va pas (prés) bien. (sentiment, boîte gris)
w. <u>Il semble que</u> Julia veuille (subj) quitter son copain. (expressions impersonnelles, boîte grise)
x. Je <u>trouve drôle que</u> vous suiviez (subj) des chaînes sur YouTube pour apprendre à vous maquiller. (sentiment)
y. Céline <u>souhaite fortement que</u> Frédéric l'invite (subj) à la fête du lycée. (sentiment)

B. Usages e–g

a. Tu peux regarder la télévision <u>à condition que</u> tu choisisses (subj) un bon film.
b. Notre famille cherche un chien qui ne dorme pas (subj) toute la journée, mais qui soit (subj) aussi actif que nous. (désir)
c. Nous fêterons, <u>pourvu qu</u>'il obtienne (subj) son diplôme !
d. Madeleine veut aller voir les feux d'artifice <u>puisque</u> c'est (prés) la fête nationale suisse.
e. <u>Quand</u> tu auras fini (futur passé) tes devoirs, tu pourras jouer.
f. Les Suisses voudraient des politiciens qui aient (subj) une grande largeur d'esprit. (désir)
g. Il est allé en Angleterre, <u>après qu</u>'il avait fini (plus-que-parfait) son stage.
h. Michael Jackson est <u>le plus grand chanteur que</u> je connaisse (subj). (superlatif)
i. <u>Afin que</u> nous puissions (subj) rentrer plus vite, je vous propose de prendre l'autoroute.
j. Raphaël est généreux, <u>quoiqu</u>'il soit (subj) économe.
k. <u>Pendant qu</u>'il travaille (prés) on ne peut pas l'appeler au téléphone portable.
l. J'attendrai <u>jusqu'à ce que</u> tu partes / sois parti(e) (subj). (Ici vous pouvez mettre le subjonctif présent ou le subjonctif passé selon la situation.)
m. Nous sortons <u>dès que</u> nous entendons (prés) la sonnerie.
n. <u>Avant que</u> nous finissions (subj) ce travail, j'ai besoin d'un café fort pour me réveiller.
o. Ce sont les criminels <u>les plus méchants</u> des films de Disney qui existent (subj). (superlatif)
p. <u>Puisque</u> tu ne n'as (prés) rien à me dire, tu peux partir.
q. Il est entré <u>sans que</u> les invités le voient / l'aient vu (subj). (Ici vous pouvez mettre le subjonctif présent ou le subjonctif passé selon la situation.)
r. Je cherche un travail qui me plaise (subj). (désir)
s. <u>En admettant qu</u>'il n'y parvienne (subj) pas, l'aiderez-vous ?
t. Je ne veux pas sortir, <u>parce que</u> j'ai (prés) peur.

3. Le subjonctif présent – un peu de tout

a. Je suis d'accord <u>pour que</u> vous veniez (subj) habiter chez nous pour quelques jours.
b. <u>J'espère que</u> vous direz (futur) / dites (prés) la vérité.
c. <u>Il vaut mieux que</u> tu sois (subj) un peu plus vigilant.
d. <u>Je doute qu</u>'il y ait (subj) d'autres êtres vivants dans l'univers !
e. <u>Il suffit que</u> tu m'envoies (prés) un message pour confirmer ton arrivée.

Temps et modes : Le subjonctif

f. <u>Il se peut que</u> les trains aient (subj) du retard.
g. <u>Nous attendons qu'</u>il nous rejoigne au bar. (ici : nous attendons = nous voulons)
h. <u>Je trouve anormal qu'</u>il réponde (subj) comme ça à sa mère.
i. <u>Elle a honte que</u> ses fils soient (subj) aussi insolents.
j. <u>Il ne me semble pas que</u> ce soit (subj) le meilleur candidat possible.
k. <u>J'estime</u> (ich schätze) qu'il a droit à notre aide. (j'estime que = je pense que)
l. <u>Je doute que</u> vous compreniez la situation.
m. <u>À supposer que</u> tu viennes (subj), qu'est-ce que ça change ?
n. <u>C'est le meilleur</u> avocat que je puisse (subj) te conseiller. (superlatif)
o. <u>Je n'ai trouvé personne qui</u> connaisse (subj) la réponse. (c'est une qualité désirée)
p. <u>Crois-tu que</u> je doive (subj) lui avouer que je l'aime bien ?
q. <u>Est-ce que tu penses</u> qu'il ne se sent (prés) jamais content ?
r. <u>Le mieux que</u> vous puissiez (subj) faire est de le laisser tranquille. (superlatif)
s. <u>Je ne crois pas qu'</u>ils veuillent (subj) te dire la vérité.
t. <u>Faut-il que</u> vous alliez (subj) l'ennuyer toutes les cinq minutes ?
u. <u>J'espère qu'</u>il saura (futur) qui vous êtes, rien qu'en vous voyant.

4. Formation : le subjonctif passé

a. j'aie affiché
b. tu aies disparu
c. il ait fallu
d. nous nous soyons couché(e)s
e. vous ayez conduit
f. ils soient morts
g. j'aie fondu
h. tu aies coloré
i. elle ait défendu
j. nous ayons admis
k. vous ayez traduit
l. elles se soient promenées
m. je me sois ouvert(e)
n. tu sois tombé(e)
o. il ait dessiné
p. nous ayons su
q. vous soyez retourné(e)(s) (**vous** pourrait être un homme, une femme ou plusieurs personnes. Pour cela, l'accord peut varier.)
r. ils aient franchi

5. Le subjonctif passé

a. Il est très content que j'aie corrigé ses erreurs d'orthographe.
b. C'est drôle qu'ils aient dit cela…
c. C'est bien que vous ayez pensé à téléphoner avant d'arriver.
d. Marie, c'est bête que tu ne sois pas allée voir ce film au cinéma. Il est magnifique.
e. C'est bizarre qu'il n'ait pas répondu à mon message.
f. Je suis très content que vous ayez trouvé un appartement en pleine ville.
g. Je regrette qu'elle n'ait pas eu un peu plus de temps pour se divertir.
h. Les filles, ça me fait plaisir que vous soyez passées me voir !
i. Dommage que tu aies perdu tes clés.
j. Cela m'ennuie que vous ayez pu penser une chose pareille.
k. Cela m'énerve que les gens aient cru cette histoire inventée !
l. C'est dommage qu'ils ne soient pas venus dîner hier soir.
m. C'est bête qu'elle n'ait pas su répondre à toutes les questions de l'examen. Elle doit avoir eu une sorte de black-out.
n. C'est bien qu'elle soit venue voter.
o. Il ne doute pas que nous ayons pris le train au lieu de prendre l'avion.

6. Le subjonctif et les conjonctions I

Réponses libres, voici quelques exemples.
a. Madame Portet trouve que son mari fait des dépenses inutiles. Il s'achète toujours le nouvel iPhone bien qu'il n'ait pas beaucoup d'argent.
b. Trois pièces pour cinq personnes, ce n'est vraiment pas beaucoup. Nous déménagerons dès que nous aurons trouvé un bel appartement de cinq pièces.
c. Figure-toi, les Charlier sont venus à notre fête sans que nous les ayons invités.
d. Est-ce que tu vas skier avec tes amis ce week-end ? – Non, je ne fais plus de ski depuis que j'ai dû me faire opérer du genou.
e. Vite, dépêchons-nous ! J'aimerais arriver à la maison avant qu'il fasse nuit.
f. Notre prof de maths nous a dit qu'il nous ferait répéter le sinus et le cosinus jusqu'à ce que nous les comprenions.
g. Ne t'inquiète pas, je te donne mon numéro de téléphone pour que tu puisses m'appeler en cas d'urgence.
h. Comment ? Il y a des personnes qui font un voyage sans argent ? – Oui, pendant qu'ils voyagent, ils travaillent de temps en temps.
i. Claire ne se couche jamais de bonne heure quoiqu'elle soit souvent fatiguée.
j. Les Caubet ont vendu leur grande maison après que leurs enfants avaient déménagé.
k. Je te raconterai un secret à condition que tu ne le dises à personne.
l. Nous t'écrirons un texto (= SMS) aussitôt que nous serons sortis de l'école.

7. Général Guisan – le subjonctif et les conjonctions II

a. Il y a beaucoup de rues en Suisse qui portent le nom « General-Guisan-Strasse » car le Général Guisan était une personne importante pendant la Seconde Guerre mondiale. / Comme le Général Guisan était une personne extrêmement importante, il y a beaucoup de rues en Suisse qui portent le nom « General-Guisan-Strasse. » (La conjonction «comme» doit être en début de phrase.)
b. Il devait être une personne extrêmement importante pour qu'/ de sorte qu'on ait créé un « General-Guisan-Quai » à Zurich et des « General-Guisan-Strasse » à Bâle, à Winterthour, à Zoug et dans d'autres villes.
c. Ce nom est souvent nommé sans que vous sachiez peut-être ce qu'il a fait.
d. Le Général Guisan a créé « Réduit national », une stratégie pour protéger le pays de peur que / de crainte que la Suisse puisse être attaquée par les Allemands.
e. Aujourd'hui encore ce nom est honoré en Suisse, même si on sait maintenant que la Suisse n'aurait pas pu être sauvée grâce à Guisan et son « Réduit ».
f. Selon mon grand-père, le « Réduit » n'aurait pas fonctionné à la frontière et les soldats seraient tous rentrés dans leurs familles au lieu de se retirer vers les Alpes dès que les soldats allemands auraient passé la frontière.
g. Le Général Guisan restera une personnalité historique importante pour avoir soutenu moralement les soldats et pour avoir été aimé et respecté partout, bien que / quoique / malgré le fait que son stratagème n'ait pas été la seule raison pour laquelle la Suisse s'est relativement bien sortie de la guerre.
h. Ce général a réussi à unir les Suisses alémaniques et les Suisses romands après que les Suisses avaient remarqué que cet homme s'exprimait couramment en français et en suisse allemand.

8. Le subjonctif présent et passé ou l'indicatif ? – un peu de tout !

a. Je <u>doute que</u> vous compreniez / ayez compris la situation.
b. Il <u>trouve sympathique que</u> Pierre vienne / soit venu aider.
c. J'<u>exige que</u> vous appreniez votre leçon.
d. <u>Il est inacceptable qu</u>'on puisse faire une telle erreur.
e. Je <u>regrette qu</u>'elle n'ait pas / n'ait pas eu un peu plus de temps libre.
f. J'attendrai <u>jusqu'à ce que</u> tu partes / sois parti(e).
g. Je <u>pense que</u> c'est (présent) / c'était (imparfait) le moment d'agir. (balance)
h. Je <u>ne pense pas que</u> ce soit / ça ait été la bonne solution.
i. <u>C'est bête qu</u>'elle ne sache pas / n'ait pas su répondre.
j. J'<u>espère qu</u>'il sait / saura qui vous êtes, rien qu'en vous voyant.
k. <u>Faut-il que</u> vous alliez l'ennuyer toutes les cinq minutes ?
l. <u>Est-ce que tu penses qu</u>'il n'est jamais (présent) / n'a jamais été (passé composé) content ?
m. Elle <u>a honte que</u> ses fils soient / aient été aussi bruyants.
n. Je <u>crois que</u> vous dites (présent) / avez dit (passé composé) la vérité.
o. J'<u>ai peur que</u> tous les élèves soient / aient été punis !
p. <u>Je sais que</u> je peux (présent) / pourrai (futur) / pourrais (conditionnel) faire mieux.
q. <u>Il est nécessaire que</u> vous entendiez ce qu'il a à dire.
r. Il <u>trouve que</u> Jeanne doit (présent) / devra (futur) / devrait (conditionnel) se reposer.
s. Je <u>suis sûre que</u> Sandra est (présent) / a été (passé composé) / était (imparfait) malade.
t. <u>Il est inacceptable que</u> tu te fasses (subjonctif présent) / t'aies fait (subjonctif passé) passer pour quelqu'un d'autre. (se faire passer pour un autre = sich als jemand anderen ausgeben)

9. Un voyage à Cuba

Avant de partir en vacances, ma copine <u>veut que</u> je lise le *Lonely Planet* de Cuba car elle <u>aimerait bien que</u> je connaisse toutes les particularités du pays. D'ailleurs, elle <u>pense que</u> j'écris (présent) / j'écrirai (futur) une liste de choses à faire.
Il <u>est intéressant que</u> les Cubains ne soient pas contents de leur système politique, mais je <u>ne crois pas qu</u>'il y ait trop d'injustices dans un État socialiste. Je <u>trouve génial que</u> Che Guevara et Fidel Castro aient suivi l'idéologie de Karl Marx, mais <u>je trouve que</u> les idées ont changé beaucoup. Ce ne sont plus les mêmes idées, car Castro avait détourné la politique pour en profiter.

Lorsque nous serons à Cuba, <u>il faudra que</u> nous demandions aux gens ce qu'ils pensent réellement du communisme. <u>Trouvent-ils que</u> ce système puisse fonctionner ? <u>Je crains que</u> cela ne soit pas le cas. Les paysans sont certainement <u>fâchés que</u> l'État reçoive 90 % de leur production. <u>J'espère que</u> cela changera bientôt. <u>Je trouve qu</u>'il faut un changement politique.

10. Les examens de maturité approchent vite...

Jasmin : Dans deux mois, nous écrirons (futur) les examens de maturité. J'espère qu'ils ne seront (futur) pas trop durs.

Laura : J'ai surtout peur qu'ils nous semblent (subj) très, très, très longs. Quatre heures, c'est énorme. Ce sont les examens les plus longs que je connaisse (subj).

Janic : Je suis sûr que le temps filera (futur) pendant les examens écrits.
Je crains plutôt que les examens oraux, qui durent seulement 15 minutes, deviennent (subj) une éternité si je ne sais (présent) pas quoi dire...
Imaginez que le prof vous pose (présent) une question et que vous ne savez (présent) / sauriez (conditionnel) pas quoi répondre. Je souhaite fortement qu'il n'y ait (subj) pas de moments de silence embarrassants.
Croyez-vous que les profs finissent (subj) par poser surtout des questions difficiles ? Ou est-ce que vous pensez qu'ils posent (présent) / poseront (futur) également des questions faciles ?

Corina : Moi, je ne pense pas que les professeurs soient (subj) trop méchants car ils veulent aussi que nous passions (subj) les examens.

Jasmin : Oui, mais chaque année il y a quelqu'un qui rate (présent) les examens et j'ai peur que quelqu'un de notre classe puisse (subj) les rater cette année-ci.

Janic : Tu es trop pessimiste. Je crois que tous réussiront (futur). La seule chose qui me pèse est la lecture de tous les livres. Je trouve énervant qu'on doive (subj) lire autant.

Laura : J'aime bien que nous ayons (subj) la possibilité de choisir les livres qui nous plaisent (présent). Mais il faut absolument que je me mette (subj) à lire. J'ai encore cinq livres à lire.

Jasmin : Tu rigoles ! Il faut que j'en lise (subj) encore huit. Est-ce que vous croyez que le résumé des livres suffit (présent) / suffira (futur) ?

Laura : Il est possible que les profs s'en rendent (subj) compte. Et alors, tu auras (futur) de gros problèmes.

Janic : Je souhaiterais que le tout soit déjà terminé (subj. passé). Liberté ! Vacances ! Plage !

Corina : Moi aussi, je voudrais que juillet soit déjà arrivé (subj. passé).
Oh ! Mais il faut qu'on reprenne (subj) le travail qu'on doit (présent) préparer pour demain.

Tous les temps et tous les modes

1. Formation I

Présent : acheter	J'achète (doubl-acc-i)
Imparfait : grandir	Tu grandissais
Passé composé : ouvrir	Elle a ouvert
Plus-que-parfait : lire	Nous avions lu
Futur simple : aller	Vous irez
Futur antérieur : sortir	Ils seront sortis (= sie werden hinausgegangen sein) Ils auront sorti (quelque chose) (= sie werden etwas hinausgebracht haben)
Conditionnel : chanter	Je chanterais
Conditionnel passé : avoir	Tu aurais chanté
Présent : domestiquer	Il domestique
Imparfait : dégrossir	Nous dégrossissions (présent : nous dégrossissons) (conditionnel : nous dégrossirions)
Passé composé : vouloir	Vous avez voulu
Plus-que-parfait : réfléchir	Elles avaient réfléchi
Futur simple : jeter	Je jetterai (doubl-acc-i)
Futur antérieur : exagérer	Tu auras exagéré
Conditionnel : être	Elle serait
Conditionnel passé : connaître	Nous aurions connu
Présent : grandir	Vous grandissez
Imparfait : donner	Ils donnaient
Passé composé : apprendre	J'ai appris
Plus-que-parfait : mourir	Tu étais mort(e)
Futur simple : partir	Il partira
Futur antérieur : descendre	Nous serons descendu(e)s (du train) (= wir werden aus dem Zug gestiegen sein) Nous aurons descendu (quelque chose) (= wir werden etwas heruntergetragen haben)
Conditionnel : voir	Vous verriez
Conditionnel passé : chanter	Elles auraient chanté

2. Formation II

Présent : appeler	J'appelle (doubl-acc-i)
Imparfait : définir	Tu définissais
Passé composé : parcourir	Elle a parcouru
Plus-que-parfait : lire	Nous avions lu
Futur simple : revenir	Vous reviendrez
Futur antérieur : se libérer	Ils se seront libérés
Conditionnel : gaspiller	Je gaspillerais
Conditionnel passé : cueillir	Tu aurais cueilli
Impératif : manipuler	(Tu) manipule
Impératif : dire	(Tu) dis
Présent : barrer	Nous barrons
Imparfait : défendre	Vous défendiez
Passé composé : démarrer	Elles ont démarré
Plus-que-parfait : réfléchir	J'avais réfléchi
Futur simple : lancer	Tu lanceras
Futur antérieur : devenir	Elle sera devenue
Conditionnel : se présenter	Nous nous présenterions
Conditionnel passé : savonner	Elles auraient savonné
Impératif : faire	(Vous) faites
Impératif : salir	(Vous) salissez

Substantifs et articles

L'article

1. Des objets presque uniques – l'article indéfini

a. Ma mère a hérité d'une Bible qui date de 1736. Elle a une couverture en cuir.
b. Mon oncle possède une voiture ancienne qui appartenait à la famille royale anglaise. Son grand-père était l'un des chauffeurs à la cour anglaise.
c. La mère de mon amie allemande a trouvé une partie du mur de Berlin dans son jardin en 1989. Il y a des morceaux du mur qui ont beaucoup de valeur aujourd'hui. Même de* petits morceaux sont exposés dans des musées. Malheureusement, la mère a jeté la partie trouvée.
d. Un ami de mon père est un très grand fan des films *Star Wars*. Il a acheté des costumes de la version originale du film. Je crois qu'il a dépensé une fortune. D'après moi, c'est un fou.
e. Le grand-père de mon copain est mort à 95 ans. Après sa mort, la famille a trouvé des armes qui datent de la Seconde Guerre mondiale dans la maison. Il y avait des fusils et aussi un révolver très joli avec des gravures. La famille a amené ces armes à un poste de police, mais les policiers n'étaient pas très surpris – apparemment, il n'est pas rare que de* vieilles personnes gardent leurs armes.

* *des* devient généralement *de* devant des adjectifs ; voir grammaire p. 42.

2. Sur une île déserte, j'apporterais… – l'article indéfini

Sur une île déserte, j'apporterais/j'emmènerais (conditionnel présent ; voir grammaire p. 30) : Une serviette colorée, des jeux, un ballon/une balle, un livre passionnant/un livre intéressant, des allumettes, des chaussures confortables, des lunettes de soleil, un savon, de* vieux et de* beaux vêtements/de* vieux vêtements et de* beaux vêtements, un bon hameçon et, évidemment / naturellement de* bons amis.

* *des* devient généralement *de* devant des adjectifs ; voir grammaire p. 42.

3. La vie est injuste – l'article défini

Eric : Tu as déjà fini le travail pour aujourd'hui ?
Alain : Oui, j'ai eu l'entretien avec mon prof ce matin, ensuite j'ai fait la coordination du projet avec les autres. Maintenant, il ne me reste qu'à écrire le document sur la Révolution française jusqu'à mardi prochain.
Et les autres font le schéma historique, la recherche sur les personnages et la mise en page. Notre groupe est très bien organisé !
Eric : Tu as de la chance. Je dois m'occuper de tous les éléments tout seul. Le reste du groupe est parti en excursion. Et moi, je dois préparer le projet seul.
Alain : La vie est injuste.
Eric : À qui le dis-tu. Les collègues visitent maintenant la ville de Strasbourg et le Parlement européen pendant que je suis à l'école à bosser.
Alain : Qu'est-ce que tu fais X[1] samedi soir ? Au moins, tu pourrais sortir un peu avec les potes.
Eric : Tu rigoles ! Le[1] samedi je travaille toujours au McDonald's. Je dois gagner de l'argent pour les leçons de conduite. J'aimerais passer le permis X[1] mercredi dans cinq semaines. Tous les mardis, j'ai la leçon de conduite. C'est hyper cher.

Alain: Mais au moins, dans quelques semaines, tu pourras conduire la voiture de ton père pour sortir le soir.
Eric: Non, le week-end, mon père en a toujours besoin.
Alain: Tu n'as vraiment pas de X² chance…

[1] On dit *le samedi* ou *le mercredi* si ce sont tous les samedis / tous les mercredis. Si on parle d'un samedi / d'un mercredi particulier, l'article tombe et on dit *samedi* ou *mercredi*.

[2] Après la négation *pas*, on met toujours *de;* voir grammaire p. 78.

4. L'article défini contracté

a. L'homme qui a provoqué la dispute a parlé au policier.
b. Pendant que ma famille mange tranquillement au restaurant, je vais à l'aéroport pour aller chercher mon frère.
c. Le gâteau au fromage est une spécialité du chef.
d. Patrice a peur du froid, des douleurs et de la mort.
e. En hiver, mon copain adore faire du ski et en été, il fait de l'escalade.
f. Je suis une personne positive. Je ne pense jamais au malheur, aux accidents, à l'échec. Je veux toujours croire aux choses positives.
g. Gaspard s'est rendu à la gare pour prendre le train pour Marseille, mais on lui a dit au guichet qu'il y avait une grève des conducteurs.
h. Pendant les vacances, nous sommes montés à cheval, mais lorsque nous sommes descendus du cheval, nous ne pouvions presque plus marcher. Nous avions de terribles courbatures aux jambes et au dos.

5. Le téléphone portable – l'article défini ou indéfini

Valérie: Selon moi, le téléphone portable est une invention très pratique, mais aussi un peu dangereuse.
Mélina: Toute la technologie me semble plutôt pratique.
Valérie: C'est le stress qui me dérange.
Mélina: Sur mon natel, j'ai des applications pour toutes sortes de choses. Pour voir l'horaire des trains par exemple. J'utilise même une application pour faire le paiement des factures.
Valérie: Tu dis « natel » et pas « portable » pour parler d'un / du téléphone portable ?
Mélina: Oui, en Suisse romande, certains utilisent le mot « natel » alors qu'en France, on dit « portable ». « Natel » vient du mot suisse allemand.
Valérie: C'est mignon. Mais dis-moi, les portables ne te stressent jamais ? Chaque fois que je vois que j'ai reçu un message, j'ai l'impression de devoir tout de suite répondre.
Mélina: C'est une erreur. Je laisse le téléphone en mode silencieux. Quand je reçois un texto, je ne l'entends pas tout de suite. Je regarde mon téléphone quand j'ai un moment libre. Et je réponds quand j'ai l'énergie et l'envie de répondre. Le problème est que nous ne savons pas comment utiliser la nouvelle technologie. Nous avons la forte croyance de devoir être atteignable à chaque instant seulement parce que nous avons la possibilité de l'être. Il faut se permettre des moments où on n'est pas présent pour les messages ou les mails. Et on choisit l'heure à laquelle on répond.

Valérie : C'est une très bonne idée. Moi, je reçois toujours des messages de mon chef le dimanche soir et cela me stresse.

Mélina : Alors, ne lis pas de / les* mails le dimanche ! Tu as le choix. Le week-end et les soirs à partir de 8 heures, je ne réponds plus aux mails. Et en ce qui concerne les textos, je réponds si c'est un ami et si j'ai le temps. Il faut seulement apprendre à bien utiliser la nouvelle technologie, comme cela elle ne nous stresse plus.

* Après la négation *pas* on utilise *de* : pas de mails = keine Mails; voir grammaire p. 78. On peut dire *je ne lis pas les mails* (= ich lese die Mails nicht) si on se réfère à des mails précis.

6. Les meilleures vacances – l'article défini ou indéfini, contracté ou pas

Sarah : Où est-ce que tu as passé les meilleures vacances de ta vie ?

Doris : C'est une question à laquelle il est facile de répondre ! Les meilleures vacances, je les ai passées au Soudan.

Sarah : Au Soudan ??? C'est un pays inhabituel pour passer les vacances.

Doris : J'ai une très bonne amie qui habite à Khartoum, la capitale du Soudan. Elle est mariée avec un Égyptien qui est diplomate au Soudan.

Sarah : Et qu'est-ce qu'on peut faire ou voir dans ce pays ?

Doris : Nous sommes allées dans le désert. Est-ce que tu savais qu'il y a là aussi des pyramides ?

Sarah : Tu plaisantes.

Doris : En réalité, il y a 154 pyramides – un peu comme en Égypte. Elles se trouvent au milieu du désert. La police et le service d'ordre n'y vont pas. Tu peux toucher les pyramides et tu peux monter les marches. En plus, il y a des temples avec des dessins. Tu peux y voir des hiéroglyphes exactement comme en Égypte. On peut même entrer dans les temples.

Sarah : Mais pourquoi est-ce que personne ne le sait ?

Doris : Probablement parce que c'est un pays qui est un peu délicat politiquement. Mais c'est un endroit très, très intéressant. Ce voyage est la raison pour laquelle j'ai commencé à voyager autant que possible et partout.

Sarah : Parle-moi plus des pyramides et de ce que tu as vécu.

Doris : Je suis arrivée X[1] lundi à Khartoum, la capitale, que j'ai visitée avec mon amie. X[1] Mercredi nous sommes parties dans le désert. Les pyramides dont je t'ai parlé se trouvent à Meroe et font partie du (faire partie de) Patrimoine mondial de l'UNESCO depuis 2011. Le premier empereur dont on connaît le nom s'appelait Ergaménès et vivait là en l'an 280 avant X Jésus-Christ.
Les temples et les pyramides sont pourtant plus vieux et datent de 860 avant X Jésus-Christ. On appelait la population « les pharaons noirs ». Il y a des chercheurs qui croient même que le peuple au Soudan est plus ancien que celui en Egypte. Ils pensent que les habitants sont descendus le long du (de + le = du) Nil pour arriver du Soudan en Égypte. Mais il n'y a pas de[2] preuves pour ceci.

Sarah : Mais alors, les pharaons sont plus vieux au Soudan qu'en Égypte…

Doris : Les temples et les pyramides sont plus anciens en Égypte, la pyramide de Khéops, par exemple, date de 2620 avant X Jésus-Christ. Mais le peuple au Soudan pourrait être encore plus vieux. On sait que les pharaons noirs ont vécu pendant la

Substantifs et articles : L'article

	même période que ceux en Égypte, mais on n'est pas sûr s'ils sont venus du (venir de) sud pour créer un nouveau siège à Gizeh. Peut-être qu'il s'agit de deux peuples différents, peut-être que le tout était un seul peuple au début venu du Soudan.
Sarah :	C'est un récit presque incroyable !
Doris :	Il y a pourtant un fait qui a été prouvé : la dynastie au Soudan était très riche et vaste. Elle avait une superficie de 700 kilomètres carrés. En plus, on sait que les pharaons égyptiens ont combattu les pharaons soudanais, déjà une première fois aux alentours de 2600 avant J.-C.
Sarah :	Donc, le Soudan est un pays à visiter.
Doris :	Absolument. Mais sache que le pays a une mauvaise réputation à cause du régime, mais les gens sont très gentils et sympathiques. Je peux te garantir : les souvenirs seront uniques et inoubliables.

[1] *lundi* et *mercredi* n'ont pas d'article ici parce qu'il s'agit d'une journée précise : am Montag = lundi / an einem Montag = **un** lundi.

[2] Après la négation *pas,* on met toujours *de ;* voir grammaire p. 78.

Le pluriel

Ne soyez pas frustrés si vous faites des fautes. Le pluriel des substantifs ou des adjectifs n'est pas toujours régulier !
Essayez d'apprendre le pluriel à chaque fois que vous étudiez le vocabulaire.

1. Du singulier au pluriel – des mots

a. un beau château — de* beaux châteaux
b. le dernier journal — les derniers journaux
c. la bonne tarte — les bonnes tartes
d. cette jeune femme — ces jeunes femmes (cette → ces; voir grammaire p. 48)
e. un bon prix — de* bons prix
f. la voix tremblante — les voix tremblantes
g. le feu chaud — les feux chauds
h. un accident fatal — des accidents fatals (*fatal* est un adjectif qui fonctionne comme les noms *bals, carnavals, festivals*)
i. une voisine bavarde — des voisines bavardes
j. un terrible mal de tête — de* terribles maux de tête (*mal* devient *maux*; *de tête* veut dire « Kopf-weh » et pas « Köpfe-weh ». Pour cela *de tête* n'est pas au pluriel.)
k. un vieil aventurier — de* vieux aventuriers
l. le carnaval passé — les carnavals passés
m. un aveu de la suspecte — des aveux des suspectes
n. un pays voisin — des pays voisins

* *des* devient généralement *de* devant des adjectifs; voir grammaire p. 42.

2. Du singulier au pluriel – des phrases

a. Mes yeux me font mal. / (Nos yeux nous font mal.)
b. Ces cas sont rares.
c. Mes chevaux sont bruns.
d. Ces hôpitaux centraux sont les meilleurs.
e. Mes bijoux sont très chers.
f. Notez les mots-clés des phrases.
g. Ses (deux) vieux grands-pères (grands-parents) jouent des jeux avec nous.
h. Les amies n'aiment pas les choux-fleurs.
i. Les chiens sont des animaux domestiques amicaux. Les chats sont plus individualistes.
j. Ce sont des entreprises internationales qui vendent des genoux artificiels.
k. Les prix élevés des voitures me (nous) créent des problèmes.
l. Les après-midis, nous allons aux restaurants des villages.

Substantifs et articles : Le pluriel

3. Remplacez !

a. J'adore aller aux bals les week-ends.
b. Ma voiture a de nouveaux pneus.
c. Ce sont des décisions malheureuses.
d. Nous mangeons des noix.
e. On lui a offert des gâteaux au chocolat.
f. Ce sont des travaux égaux.
g. Il s'agit des rituels spirituels.
h. Il va se raser les cheveux.
i. Les hommes fous disent des absurdités.

4. Faites le bon choix

a. trous
b. chacals
c. imprimantes couleur
d. cailloux
e. nez
f. gratte-ciel
g. peaux
h. idéaux / idéals (Les deux variantes sont correctes.)
i. centres-villes
j. tableaux / dieux
k. cardinaux / religieux
l. locaux
m. canaux
n. sous

Pronoms

Les démonstratifs

1. Qu'est-ce que tu sais des films ? – l'adjectif démonstratif

a. Ce bateau qu'on peut voir dans *Titanic* a été presque entièrement reconstruit.
b. Dans *Le seigneur des anneaux*, cette langue parlée par les elfes avait été inventée par l'écrivain J. R. R. Tolkien. En effet, cet écrivain avait été philologue et s'intéressait à l'étymologie des langues. Presque toutes ces langues parlées dans le film *Le seigneur des anneaux* ont été inventées par lui. Au total, ce génie linguistique a créé au moins douze langues.
c. Cette histoire dans *Catch Me if You Can* est une histoire vraie. Imagine, cet homme trompeur a vraiment existé.
d. Tu connais ce film qui s'appelle *Dirty Dancing*? C'est ce film que presque chaque femme connaît et adore. Cet acteur, Patrick Swayze, est mon acteur préféré. Mais cette actrice dans le film détestait Patrick. Cette harmonie qu'on peut voir est complètement jouée. Ces deux acteurs étaient très différents et ne s'aimaient pas du tout.
e. Le personnage qui a été représenté le plus dans les films, c'est Sherlock Holmes. Ce personnage est présent dans deux cent quatre films et joué par soixante-douze acteurs.
f. Ce tapis qu'on peut voir dans le film animé *Toy Story*, c'est le même que celui dans le film d'horreur *Shining*.
g. Dans *Les dents de la mer*, cette machine qui imite le requin avait été surnommée « Bruce ».
h. Dans *Matrix Reloaded*, il y a une scène de bataille d'une durée de dix-sept minutes. Ces dix-sept minutes ont coûté 40 millions de dollars. Pour gagner ces 40 millions de dollars, il faut vendre environ 6,6 millions de billets.
i. Ce bus dans *Speed* n'est pas un seul bus. Sur le plateau de tournage, il y en avait douze. Deux de ces douze ont explosé.
j. La chanson *Non, je ne regrette rien* qu'on entend dans le film *Inception* est d'Edith Piaf. Cette chanson dure deux minutes et vingt-huit secondes, le film *Inception* dure 2 heures et 28 minutes.
k. Tu connais le film *Retour vers le futur*? Il y a cet inventeur qui a inventé une machine à remonter le temps. La première idée était de faire usage d'un réfrigérateur, mais cette idée a été refusée ensuite. Ces réfrigérateurs auraient pu être dangereux pour les enfants, on avait peur que les enfants y entrent après avoir vu cette trilogie. Au lieu du réfrigérateur, on a opté pour cette voiture que tu connais certainement.

2. Au magasin de vêtements – le pronom démonstratif

Vous pouvez varier avec *-ci* ou *-là*.

Mère :   Qu'est-ce que tu penses de ces pantalons ?
Fille : Ceux-là ne me plaisent pas du tout. Mais regarde ceux-ci.
Mère :   Mais ceux-ci ont des trous partout.
Fille : Oui, mais c'est à la mode.
Mère :   Et ce pull rouge ici ?
Fille : Celui-là est pour les vieux. Peut-être qu'il te va bien.

Mère :	Quelle gentillesse ! Celui-là est pour les vieux et donc fait pour moi...
Fille :	Ohhh, mais regarde ces chaussettes colorées.
Mère :	Lesquelles ? Celles-ci ou celles-là ?
Fille :	Les deux sont cool. On peut les mettre en même temps. Cela change un peu.
Mère :	Comment ? En même temps ? Tu veux les mettre les unes sur les autres ?
Fille :	Mais non. Tu ne lis jamais les magazines de mode ? On en porte une au pied gauche et l'autre au pied droit. Par exemple, celle(-ci) en rouge et bleu, tu la portes à gauche et celle(-là) à carreaux, tu la portes à droite.
Mère :	Mais avec les pantalons, on ne les voit pas.
Fille :	Si, on met des pantalons trois quart comme ceux-ci.
Mère :	Tu pourrais donc même mettre un short comme celui-là.
Fille :	Celui-là est pour les mecs.
Mère :	Ou qu'est-ce que tu penses de cette jupe à fleurs là-bas ?
Fille :	Laquelle ? Celle-ci avec des fleurs roses est laide et celle-là, je n'aime pas sa couleur.
Mère :	Ouille, c'est compliqué.
Fille :	À qui le dis-tu. La prochaine fois, j'irai faire du shopping avec mes copines. Et avec toi, j'irai ensuite dans un petit bistrot boire un café pour te montrer ce que j'ai acheté.
Mère :	C'est une bonne idée. Mais dis-moi, quel bistrot ? Celui(-là) qui a de bonnes tartes ou celui(-là) avec les pralinés ?
Fille :	Aucun des deux, ceux-là sont pour les vieilles dames. J'ai pensé au petit bistrot du coin où chaque table et chaque chaise sont différentes...

3. Les rumeurs courent vite – le pronom démonstratif

Comme tout le monde sait, les rumeurs courent vite. Ceux qui jurent ne jamais répandre de rumeurs mentent probablement. Partout c'est la même chose, à l'école, au bureau et même en famille. Ceux-ci croient que la rumeur est vraie, ceux-là ne veulent pas y croire. Ceux-ci s'amusent à raconter aux autres ce qu'ils ont entendu, ceux-là préfèrent l'oublier rapidement. Peu importe, les rumeurs courent partout.

Voici une scène à l'école :

Caroline :	Tu as entendu la dernière nouvelle ?
Ève :	Laquelle ? Celle qui dit que tu as raté ton examen de physique ?
Caroline :	Celle-là n'est pas une nouvelle, c'était malheureusement un fait prévisible. Non, je parle de la rupture.
Ève :	Celle dont tout le monde parle ? La rupture du couple parfait, Jeannine et Ilan ?
Caroline :	Oui, apparemment, ils se sont disputés bruyamment pendant la pause.
Ève :	Pourquoi ?
Caroline :	C'est certainement à cause de la nouvelle élève qui fait un échange dans notre école.
Ève :	Celle qui vient de la Colombie ou celle du Danemark ?
Caroline :	Celle de la classe d'Ilan.
Ève :	C'est Catalina, de la Colombie. Celle-là est une fille très belle et sympathique.
Caroline :	Effectivement. Apparemment, Ilan le pense aussi. Celui-là est un type qui aime draguer les filles.

Ève :	Qui t'a dit cela ? Ce sont certainement d'autres filles, celles qui aimeraient aussi être avec lui.
Caroline :	Donc, tu ne crois pas qu'il soit un filou infidèle ?
Ève :	Combien de fois est-ce que tu t'es déjà trompée ? Tu te souviens d'Anne ? Celle à qui tu as dit que son copain la trompait. Et finalement, ce n'était pas vrai.
Caroline :	Bon, là, j'ai fait une faute. Celle-là était ma seule faute !
Ève :	Et avec Daniel ? C'est celui qui a quitté sa copine à cause de ta rumeur.
Caroline :	J'essaie uniquement d'aider et de trouver la vérité !
Ève :	Quelle vérité ? Celle que tu veux croire ou celle qui correspond à la réalité ?
Caroline :	Mais à propos de Catalina, j'ai raison. C'est à cause de celle-là que Ilan et Jeannine se sont disputés ce matin. Ilan passe beaucoup de temps avec Catalina et l'aide.
Ève :	Alors, d'après toi, Ilan se séparera de Jeannine et se mettra avec celle de la Colombie.
Caroline :	Sans aucun doute.
Ève :	Alors, les trois ne se parlent jamais.
Caroline :	Jamais !
Ève :	Les trois ne sont pas des amis.
Caroline :	Impossible !
Ève :	Alors, dis-moi : Qui sont ces personnes-là ? Celles qui se trouvent au fond du couloir en train de travailler ?
Caroline :	Euuuhhhh...
Ève :	Est-ce que ce ne sont pas les trois ? Ceux dont tu dis qu'ils ne se parlent jamais ? Ceux qui ne sont pas des amis ?
Caroline :	Peut-être qu'ils se disputent en ce moment et parlent de la situation.
Ève :	De la situation... Celle que tu as si bien analysée... Je pense plutôt que tu t'es trompée encore une fois. C'est de nouveau une rumeur qui ne s'avère pas vraie. Celle que tu m'as racontée est tout simplement fausse. Ce serait peut-être bien si tu t'occupais un peu plus de tes affaires. Occupe-toi peut-être même du test de physique, celui que tu as raté.

Peut-être que les rumeurs finalement ne courent pas aussi loin et aussi vite qu'on le croit.

Les pronoms directs et indirects

1. Les pronoms directs – à remplir

a. Je regarde Thomas et il me regarde aussi.
b. Jasmin a donné des sous à Jill et Jill les rendra à Jasmin demain.
c. Juliette veut absolument voir la Tour Eiffel, mais ses copines ne veulent pas la voir.
d. Diego offre des fleurs à Michèle qui les met dans un vase.
e. Liliane chante et Loris l'accompagne avec sa guitare.

Pronoms : Les pronoms directs et indirects

2. Les pronoms directs – à remplacer

a. Je veux le voir au cinéma.
b. Malin les a mangées* toutes.
c. Florian, Danilo, Demian et Jonathan l'ont tourné à l'école.
d. Vivienne la dessine sur son cahier.
e. Claudia a envie de le regarder.
f. Julien va le corriger.
g. Ramona doit l'organiser.
h. Eda l'a invitée* à manger une pizza chez elle.

* Accord du participe passé conjugué avec *avoir*; voir grammaire p. 50 en bas.

3. Les pronoms directs et l'impératif

a. Ajoute-le à la soupe.
b. Mets-les car le soleil brille fort.
c. Ruben, éteins-la.
d. Lumi et Batuhan, notez-le.
e. Lukas, essaie de le faire.
f. Felice, cache-toi* derrière l'armoire. Nous jouons un tour à Naima.
g. Les enfants, asseyez-vous tout de suite.
h. Quand tu rentres à la maison, appelle-moi* / appelle-nous / appelle-le / appelle-la, s'il te plaît.
i. Qu'est-ce que vous avez dans vos mains ? Christian et Laurent, montrez-le / montrez-le-moi*.

* Avec l'impératif *me* devient *moi*; *te* devient *toi*; voir grammaire p. 29, boîte grise et p. 51 en bas, boîte grise.

4. Les pronoms indirects – à remplir

a. Adeline, j'aimerais te montrer le dessin que j'ai fait.
b. Katarina parle à Sophie et Stefanie et leur raconte ce qu'elle a fait durant le week-end.
c. Alischa aimerait participer à la fête de Jennifer, mais elle est malade et ne peut même pas lui donner le cadeau.
d. Mon frère raconte beaucoup de mensonges à ma sœur et à moi. Il nous ment toujours.
e. Lashvinth et Shathurya viennent du Sri Lanka. Ils ont apporté des produits typiques à leurs camarades d'école et leur expliquent les différences entre la Suisse et le Sri Lanka.

5. Les pronoms indirects – à remplacer

a. Marina leur montre une chorégraphie hip-hop.
b. Lynne, tu dois lui écrire un mail.
c. Chantal, s'il te plaît, donne-nous un coup de main pour faire la vaisselle.
d. Est-ce que ces touristes t'ont demandé le chemin pour arriver au Münster ? C'est drôle car tu ne sais jamais où tu te trouves.
e. Clarisse va lui sauter au cou lors de son retour du voyage.
f. Kataryna et Tina, je dois vous présenter mes excuses.

g. Ce soir, il faut que tu lui rendes visite car elle est malade.
h. Je lui en veux parce qu'il ne me répond jamais. (en vouloir à quelqu'un = auf jemanden böse sein)

6. Les pronoms directs et indirects

a. Envoie ces cartes postales à tous tes amis après cette journée à la plage.
   Envoie-les-leur après cette journée à la plage.
b. Je veux que tu donnes la feuille au chef.
   Je veux que tu la lui donnes.
c. J'aime conduire mon cabriolet s'il ne pleut pas.
   J'aime le conduire s'il ne pleut pas.
d. Apporte ces fleurs à ta mère parce qu'elle est très gentille.
   Apporte-les-lui parce qu'elle est très gentille.
e. J'ai offert le gâteau à Sandra.
   Je le lui ai offert.
f. Elle a mis la chemise rouge.
   Elle l'a mise. (Accord du participe passé conjugué avec avoir ; voir grammaire p. 50 en bas)

7. Les pronoms directs et indirects – une réponse

a. Marie nous attend dans la rue ?
   – Non, elle nous attend au bar.
b. Est-ce que vous m'entendez ?
   – Oui, nous t'entendons / vous entendons très bien.
c. Est-ce que tu vas chanter cette chanson à Jean ?
   – Non, je ne vais pas la lui chanter.
d. Est-ce que vous dites « bonjour » au facteur ?
   – Oui, nous lui disons « bonjour ».
e. Tu as souvent écrit à tes amis ?
   – Oui, je leur ai souvent écrit.
f. A-t-il offert les fleurs à sa femme ?
   – Oui, il les lui a offertes. (Accord du participe passé conjugué avec avoir ; voir grammaire p. 50 en bas)
g. Est-ce que tu dois donner ces livres à ton prof ?
   – Non, je ne dois pas les lui donner.

8. Les pronoms directs et indirects avec l'impératif – gages

a. Donne-les-lui.
b. Vendez-le-leur.
c. Chante-la-lui.
d. Demandez-les en mariage. (demander quelqu'un en mariage)
e. Donne-le-lui.
f. Demande-le-lui.
g. Embrassez-le et dites-lui : « Tu ne me reconnais pas, je suis ton petit-enfant. »
h. Abordez-les. Demandez-le-leur.
i. Donne-les-leur.

9. Monet et van Gogh

Monet : Mon cher ami, Vincent, comment trouves-tu ma nouvelle œuvre *Femme avec un parasol* ?
Van Gogh : Montre-la-moi[1]. Tu as dessiné une très jolie femme.
Monet : Je l'ai dessinée[2] car je l'aime. C'est ma femme !
Van Gogh : Je le pensais déjà.
J'adore comment tu as mis les couleurs. Tu les a bien mélangées[2].
Monet : Le bleu est un bleu marin. Je l'ai choisi— parce qu'il me rappelle les yeux de ma femme.
Van Gogh : Tu lui as fait une bouche plus rouge que la nature lui a fait—. (faire qc à qn)
Monet : C'est vrai. Je dessine ma femme et mon fils et je les rends encore plus beaux. Je veux leur faire plaisir. (faire plaisir à qn)
Van Gogh : C'est sûr que tu le leur fais. Tu leur (montrer qc à qn) montres tant d'affection puisque tu les dessines.
Monet : Ce tableau, j'aimerais te l'offrir comme cadeau.

[1] Avec l'impératif *me* devient *moi*; *te* devient *toi*; voir grammaire p. 29, boîte grise et p. 51 en bas, boîte grise.

[2] Accord du participe passé conjugué avec *avoir*; voir grammaire p. 50 en bas.

Les pronoms « y » et « en »

1. « Y »

a. J'y saute.
b. Il s'y met.
c. Alexandra y dort.
d. Mirjam y croit fortement.
e. Anita s'y réfère.
f. Je ne veux pas y répondre.
g. Est-ce que tu y penses souvent ?

2. « En »

a. Elle en rêve.
b. Nicole en a eu envie.
c. Carla s'en souvient.
d. David en parle sans cesse.
e. Danilo, est-ce que tu peux m'en donner plus ?
f. Jonas en a vendu la majorité.
g. Hier, j'en ai mangé trop.

3. « Y » et « en »

A.

a. Je n'y comprends rien.
b. Tu y es déjà arrivé ?
c. Samuel en achète deux kilos.
d. Ce week-end, je vais y participer.
e. Nous devons nous en* occuper.
f. Anne lui en* a donné beaucoup.
g. J'aimerais absolument y assister.
h. Je pense à lui. (Attention : avec les personnes, on ne peut pas employer *y* ou *en*; voir grammaire p. 54 et 55)
i. Il faut qu'on en discute.
j. Yanis en boit trop.
k. René s'y connaît. (= René kennt sich damit aus.)
   René en connaît beaucoup de choses. (= René weiss viel darüber.)

* Les pronoms directs et indirects sont placés devant *y* ou *en*; voir grammaire p. 52 ou 55.

B.

a. J'en ai assez (de ces disputes) !
b. Dominik en a marre (de toujours faire le travail des autres).

Les pronoms directs et indirects + « y » et « en »

1. Toujours ces pronoms

a. Marcel veut aller au concert ce soir, mais Luc ne veut pas y aller.
b. Roman a vu une jolie fille à la gare. Depuis, il ne l'a pas oubliée.
c. Ça alors, mes enfants, c'est votre grand-mère qui vous a offert tous ces chocolats ? J'espère que vous n'avez pas oublié de lui dire « merci ».
d. Le meilleur ami de Rodolphe Lindt voulait à tout prix connaître le secret de la fabrication de son chocolat fondant, mais Lindt n'a jamais voulu le lui montrer.
e. Je ne comprends pas encore ce problème de maths, Mona, aide-moi, s'il te plaît !
f. « Il faut que tu finisses tes devoirs. » – « Je n'en ai pas envie. »
g. « Est-ce que tu as offert les fleurs aux danseurs ? » – « Zut, j'ai complètement oublié de les leur donner. »
h. « Paul, est-ce qu'on va envoyer une invitation au mariage à ta cousine ? » – « Oui, envoie-la-lui. »
i. Pierre a offert des chocolats à nous*. Variante 1 : Il nous les a offerts [...] / Variante 2 : Il nous en a offert– pour nous remercier de notre aide. pour nous remercier de notre aide.

* D'habitude, le *à nous* placé ici en fin de phrase n'est pas utilisé de telle manière. On en a fait usage afin de créer un exercice qui exige l'emploi du pronom *nous*.

Pronoms : Les pronoms relatifs

2. Et encore des pronoms... Questions et réponses

a. Est-ce que tu vas montrer les photos aux amis ? – Non, je ne vais pas les leur montrer.
b. Est-ce que vous pouvez renoncer au dessert ? – Oui, nous pouvons y renoncer.
c. Qui t'a prêté la voiture ? – C'est ma tante Kerstin qui me la prêtée.
d. Est-ce que vous avez assez de choses à manger ? – Non, nous n'en avons pas assez.
e. Pourquoi est-ce que Sylvie ne porte jamais la bague que tu lui as achetée ? – Parce qu'on la lui a volée.
f. Est-ce que tu as pu vendre tes billets à Tim ? – Oui, j'ai pu les lui vendre.
g. Est-ce qu'Elena donne toutes ses notes à ses collègues à l'école ? – Oui, elle les leur donne toutes / elle leur en donne.
h. Est que tu penses souvent au futur et aux problèmes à résoudre ? – Oui, j'y pense souvent.

3. À remplacer

a. Raimondo les leur apporte.
b. Penses-y.
c. Elvira et Nora la lui préparent.
d. Je t'en donne la moitié, si tu en (= davon) / le (= es) veux.
e. Dites-la-leur.
f. Demian s'en est souvenu.
g. Teresa n'y grimperait jamais.
h. Kyla et Evelina les y ont perdus.
i. La petite Marie les lui a coupés.
j. Notre famille les y a passées.
k. Yvan la lui a apportée parce qu'elle était malade.
l. Sara-Anne se les est teints.
m. La mère affirme qu'elle s'en souvient volontiers.
n. Des amis de Samuel nous y emmèneront.

Les pronoms relatifs

1. Deux parties de phrases

1 + i   J'aime le Silver Star à Europa Park qui roule à une vitesse de 140 km / h.
2 + h   Les devoirs que nous devons faire sont difficiles.
3 + a   Les enfants qui jouent dans la rue sont bruyants.
4 + d   Le bus que je prends d'habitude est en retard.
5 + j   Jacques porte des lunettes qui lui vont à merveille.
6 + f   Les études universitaires qui m'intéressent le plus sont l'économie et le droit.
7 + g   Les animaux que j'adore le plus sont les tigres et les éléphants.
8 + c   Les animaux qui me font peur sont les araignées.
9 + e   Je prends toujours le train qui part à 7 h 17 sur la voie 15.
10 + b Nous voulons voir le nouveau film qui sera montré au cinéma à partir de demain.

2. Jeune auteur suisse : Joël Dicker

Joël Dicker, qui est né à Genève en 1985, est un écrivain suisse romand.
En 2010, il a été diplômé en droit qu'il a étudié à l'université de Genève, mais sa vraie passion avait toujours été l'écriture, qu'il pratiquait déjà très jeune.
Déjà à l'âge de dix ans, il a fondé *La Gazette des animaux,* qui est une revue sur la nature qu'il a dirigée* pendant sept ans. Grâce à cette revue, il était le plus jeune rédacteur en chef de Suisse.
En 2012, il est tout de suite devenu connu grâce à son roman *La vérité sur l'affaire Harry Quebert,* qui était son deuxième roman. Pour ce roman qui a été traduit en 40 langues, il a reçu entre autres le prix *Goncourt des Lycéens.*
La vérité sur l'affaire Harry Quebert a été adaptée en série télévisée que MGM a produite* en 2018.
Le rôle principal, celui de Harry Quebert, est incarné par Patrick Dempsey, qui est connu pour son rôle en tant que Dr Derek Shepherd dans *Grey's Anatomy.* La série est composée de dix épisodes qui durent cinquante-deux minutes chacune.
Mais de quoi est-ce que ce livre parle ?
L'histoire commence en 1975 lorsque Nola Kellergan, qui a 15 ans, disparaît mystérieusement du petit village d'Aurora, qui se trouve dans le New Hampshire aux États-Unis. Une vieille dame qui a appelé la police après avoir vu la jeune fille poursuivie par un homme est tuée quelques minutes plus tard. L'enquête que la police locale a menée* n'a jamais permis de trouver l'assassin.
L'histoire fait ensuite un saut temporel et le lecteur se retrouve en 2008. Marcus Goldman, qui est un jeune auteur, vient de publier son premier roman qui l'a rendu immédiatement très connu. Pour le deuxième roman que Marcus est forcé d'écrire au plus vite, le jeune écrivain n'a aucune idée ou inspiration. Pour cette raison, Marcus va à Aurora chez Harry Quebert, qui avait été son professeur à l'université et qui est devenu son ami. Après être retourné à New York, Marcus, qui ne sait toujours pas quoi écrire, reçoit un coup de téléphone qui l'informe que Harry a été arrêté par la police puisqu'un squelette a été trouvé dans son jardin. Le squelette est celui de Nola, disparue trente-trois ans plus tôt, et à côté d'elle, on a trouvé le manuscrit du best-seller que Harry Quebert avait écrit. Marcus Goldman, qui est convaincu de l'innocence de son ami, commence alors des recherches. Il veut découvrir ce qui s'est passé il y a trente-trois ans et finit par connaître les secrets des habitants d'Aurora, qui est une ville beaucoup moins tranquille qu'on ne le pensait.

Les critiques ont loué ce livre. Le *Figaro littéraire* a affirmé que « c'est très rare, [...] rien ne peut couper court à l'excitation. Jeune ou moins jeune, lecteur difficile ou facile, femme ou homme, on lira sans discontinuité jusqu'au bout [...]. » Effectivement, on ne peut mettre de côté cette histoire, qui guide le lecteur sur de multiples pistes et qui réussit à surprendre jusqu'à la fin.

* Accord à cause du pronom relatif *que* qui précède le passé composé conjugué avec *avoir;* voir grammaire p. 56, seconde boîte grise.

3. Henri Dunant et la Croix-Rouge

Tout le monde reconnaît le symbole de la Croix-Rouge : mais quelle est l'histoire derrière la création de la Croix-Rouge ?

En 1859, Henri Dunant, homme d'affaires, qui était né— à Genève en 1828, est parti en voyage d'affaires. Cet homme d'affaires, qui a voulu— rencontrer l'empereur français, est passé à côté de Solférino, un village italien où une grande bataille se déroulait. Henri Dunant, que cette bataille a choqué— profondément, ne pouvait pas en croire ses yeux. Il y avait des blessés que personne n'avait soignés. Les quelques médecins que Dunant a vus choisissaient les victimes à soigner. En effet, il y avait des médecins qui soignaient uniquement les blessés français ou piémontais et d'autres médecins qui ne s'occupaient que des blessés autrichiens. Dunant trouvait ce comportement très injuste. D'après lui, les soldats qui sont blessés ne sont plus des soldats, mais avant tout des hommes qu'il faut soigner – peu importe leur camp.

Dunant, qui n'a rien pu— faire tout seul, est allé— au village. Là, il a regroupé des femmes qui sont venues l'aider. Dunant a dit aux femmes qu'il a amenées au champ de bataille que tous les blessés devaient être portés dans l'église Chiesa Maggiore, qui était la plus grande église du village. Les femmes du village ont trouvé— une phrase qui est devenue très célèbre pour justifier ce choix : « Tutti fratelli ! » (= Tous frères !).

De retour à Genève, Dunant n'a jamais pu— oublier les hurlements du champ de bataille. À cause de cela, en 1862, il a écrit *Un Souvenir de Solférino*, qu'il a publié— à ses propres frais et qu'il a envoyé— aux principales personnalités politiques et militaires de l'Europe.

Dans son texte, il a décrit ses expériences à Solférino et a demandé deux choses principales :
1. la création de sociétés de secours avec des personnes qualifiées qui donnent des soins aux blessés ;
2. un texte de droit qui vise à protéger les blessés de tous les camps et les médecins et infirmières chargés de les soigner.

En quelques années, ce livre qui a révolutionné les soins médicaux a été traduit en onze langues.

Le 17 février 1863, la première convention de Genève a eu lieu. C'est la date qui est depuis considérée comme le jour de création du « Comité international de secours aux militaires blessés en campagne » qui est devenu— le Comité international de la Croix-Rouge. Cette date reste importante pour chaque médecin et infirmière.

Dès sa création, le CICR, qui est l'abréviation de « Comité international de la Croix-Rouge », a un emblème : une croix rouge sur fond blanc. Cet emblème que les médecins portent comme signe de reconnaissance est le drapeau suisse avec les couleurs inversées.

En 1901, Henri Dunant, qui avait alors 73 ans, a obtenu le premier Prix Nobel de la paix pour la fondation de la Croix-Rouge.

4. Qu'est-ce qui va ensemble ? – qui, que, où, dont

1 + e	La salle où je dors est grande.
2 + h	Le jour où je finirai l'école, je ferai une grande fête !
3 + j	Le TGV est un train qui roule très vite à travers la France.
4 + l	Est-ce que tu vois souvent les membres de ta famille qui vivent à l'étranger ?

5 + i		Le moment où j'ai réalisé que j'étais en retard, je suis devenu nerveux.
6 + m		La politique est un sujet que j'aborde uniquement avec des amis.
7 + a		La médaille dont il est le plus fier est celle du championnat mondial.
8 + c		La rue où se trouve notre colocation est bruyante.
9 + b		Le Marais est un quartier de Paris où beaucoup de magasins se trouvent.
10 + f		Le projet dont il est responsable est énorme.
11 + d		Le spectacle qui commence à 19 h 30 est le plus fréquenté.
12 + g		La manière dont il parle de son chef n'est pas gentille.
13 + k		Le tableau que tu trouves dans mon salon est de Picasso.

5. Phrases à compléter – ce qui, ce que, ce dont

a. Marianne connaît tout ce qui est à la mode.
b. Mon copain sait parfaitement ce que j'aime et ce qui me déplaît.
c. Ce dont nous avons besoin après ce long voyage, c'est du sommeil. (avoir besoin de)
d. Ce qui est cher n'est pas toujours de meilleure qualité.
e. Ma grand-mère cuisine toujours ce que j'adore manger.
f. Est-ce que tu veux savoir ce dont on discutait tout à l'heure ? (discuter de)
g. Ce que tu fais me paraît injuste.
h. J'aimerais réaliser tout ce dont je rêve. (rêver de)
i. Les étudiants doivent noter tout ce dont le professeur d'université parle. (parler de)
j. Ce qui intéresse les enfants n'est pas toujours ce qu'ils devraient faire.
k. Je trouve intéressant ce que Patrick Bruel chante dans ces chansons.
l. C'est un égoïste. Ce que tu sens ne l'intéresse pas et ce que tu veux lui est égal.
m. Mon père ne sait jamais ce qu'il peut offrir à ma mère pour Noël.
n. Ce qui est le plus surprenant est que l'humanité ne paraît pas être plus sage que 200 ans auparavant.

6. Les pronoms relatifs avec variantes

A. Lequel et variantes

a. L'application avec laquelle on peut faire du sport ne fonctionne pas.
b. Le coiffeur chez lequel mon frère est allé se faire couper les cheveux n'est pas un vrai coiffeur.
c. Le nombre de pays dans lesquels j'ai voyagé augmente d'année en année. Je suis déjà arrivée à 31 pays sur 193 au total.
d. Les situations dans lesquelles Silvan est entouré de beaucoup de personnes le mettent mal à l'aise.
e. Les trois choses sans lesquelles je ne pourrais vivre sont : ma famille, le chocolat, mon violon.
f. La raison pour laquelle je travaille n'est pas seulement l'argent, j'ai d'autres motivations : le défi quotidien, le contact avec les gens et la créativité.
g. Selon toi, quelles sont les vedettes par lesquelles les enfants d'aujourd'hui sont le plus influencés ? Les bloggers, les acteurs ou les chanteurs ?

Pronoms : Les pronoms relatifs

B. Auquel et variantes

a. Les pâtes auxquelles tu as ajouté des olives me dégoûtent.
b. L'article de journal auquel nous nous référons date d'hier.
c. L'acteur auquel / (à qui) je pense était dans le film *Bienvenue chez les Cht'is*.
d. La fête à laquelle nous avons participé était vraiment nulle.
e. Les concours auxquels je participe ont toujours lieu le week-end.
f. Les collègues auxquels / (à qui) j'ai donné un coup de main me sont reconnaissants.

C. Duquel et variantes

a. Le commerçant duquel* j'ai reçu de bons conseils ne travaille plus au même magasin.
b. Les amis, à côté desquels tu étais assis, me sont inconnus.
c. Les personnes desquelles* tu t'es éloigné ces dernières années sont ceux qui n'envoient jamais de messages.
d. Le séjour à Paris, au cours duquel toute ma famille est allée à Euro Disney, est l'un de mes meilleurs souvenirs d'enfance.
e. La cachette de laquelle* est sorti le voleur était minuscule et bien camouflée.
f. Quelles sont les vedettes en face desquelles tu ne saurais plus quoi dire à cause de ta nervosité ?

* Ces pronoms pourraient être remplacés par *dont*. (Remarque pour les spécialistes : Il est préférable (es ist vorzuziehen) d'utiliser « dont » au lieu de « duquel », « de laquelle », « desquels » et « desquelles » s'il n'y a pas une indication de lieu comme « à côté de », « près de », « à droite de », « au fond de », etc.)

7. Duquel, auquel, lequel – le tout mélangé

a. Un homme duquel* on ne sait pas grand-chose a cambriolé la maison de mes voisins. (savoir qc de qn)
b. La femme de laquelle* Yan parle est allée à l'école primaire avec moi. (parler de qn)
c. Le chien auquel tu as donné des biscuits mord d'habitude. (donner qc à qn)
d. Le chef pour lequel tu travailles ne me paraît pas sympathique.
e. Les voyages desquels* je me souviens le plus ont été faites en voiture. (se souvenir de qc)
f. L'amie avec laquelle je ferais le tour du monde a grandi avec moi.
g. L'agence de voyage à laquelle tu as téléphoné organise des aventures uniques. (téléphoner à qn)
h. Est-ce que la voisine de laquelle* tu as reçu une clé est partie en voyage ? (recevoir qc de qn)
i. La nourriture à cause de laquelle je suis tombée malade avait été préparée sans respecter les règles d'hygiène.
j. Les logements dans lesquels nous avons dormi pendant notre voyage scolaire étaient assez simples.
k. Quelles sont les questions auxquelles vous désirez avoir une réponse ? (avoir une réponse à la question)
l. Le vélo avec lequel il a traversé les Alpes était très vieux et lourd.
m. Selon moi, il n'existe aucune chose de laquelle* on pourrait être jaloux. (être jaloux de qc)
n. Les films desquels* je rêve sont d'habitude des films d'horreur. (rêver de qc)

o. Ce sont des problèmes mathématiques auxquels il faut dédier beaucoup de temps pour les résoudre. (dédier du temps à qc ; se dédier à qc)
p. Fais attention ! Ne bouge pas les feuilles colorées sous lesquelles j'ai caché la carte d'anniversaire de Joëlle.

* Ces pronoms pourraient être remplacés par *dont*. (Remarque pour les spécialistes : Il est préférable (es ist vorzuziehen) d'utiliser « dont » au lieu de « duquel », « de laquelle », « desquels » et « desquelles » s'il n'y a pas une indication de lieu comme « à côté de », « près de », « à droite de », « au fond de », etc.)

8. Duquel ou dont ?

a. Les choses dont Samantha a peur sont nombreuses. ☒
b. L'homme en face duquel je suis assis dans le train parle sans cesse au téléphone. ☐
c. Les réussites dont nous pouvons être fiers sont innombrables. ☒
d. Le couloir au fond duquel se trouve mon appartement est très long et sombre. ☐
e. La forêt à travers laquelle je cours tous les matins est assez déserte. ☐
f. Les animaux dont je n'arrive pas à m'approcher sont les araignées. ☒
g. Le tremplin dont j'ose sauter a une hauteur de 5 mètres. ☒
h. Le sujet dont il est question ne m'intéresse pas. ☒
i. La touriste à côté de laquelle je suis assise lit dans un guide très détaillé. ☐

Remarque pour les spécialistes : Il est préférable (es ist vorzuziehen) d'utiliser « dont » au lieu de « duquel », « de laquelle », « desquels » et « desquelles » s'il n'y a pas une indication de lieu comme « à côté de », « près de », « à droite de », « au fond de », etc.

9. Tous les pronoms relatifs

a. Dis-moi ce qui ne va pas.
b. Bernard m'a envoyé une lettre à laquelle j'ai répondu tout de suite. (répondre à)
c. Les livres dont / desquels* nous avons besoin coûtent cher. (avoir besoin de)
d. Voilà une pièce dans cette maison où / dans laquelle le soleil n'entre jamais.
e. L'e-mail est une invention que je trouve vraiment géniale.
f. La femme à laquelle / à qui il pense sans cesse s'appelle Lydia. (penser à)
g. Le chef auquel / à qui nous avons écrit n'est pas bien informé.
h. Les vacances dont / desquelles* il se souvient volontiers se sont passées au Maroc. (se souvenir de)
i. Les fenêtres devant lesquelles fleurissent des roses ont été peintes.
j. Voici mon fils dont / duquel* je suis très fier. (être fier de quelqu'un)
k. Les élèves dont / desquels* tu parles sont très intelligents et sympathiques. (parler de)
l. Paris est une ville qui change tout le temps et qui me plaît pour ceci.
m. Les animaux dont / desquels* elle a peur sont les araignées et les serpents. (avoir peur de)
n. Ce que Daniela aime change tous les jours.
o. La femme à côté de laquelle tu étais assis tenait un chien en laisse.
p. J'aimerais bien savoir ce que Fabrice aimerait avoir pour Noël.

* Remarque pour les spécialistes : Il est préférable (es ist vorzuziehen) d'utiliser « dont » au lieu de « duquel », « de laquelle », « desquels » et « desquelles » s'il n'y a pas une indication de lieu comme « à côté de », « près de », « à droite de », « au fond de », etc.

10. Tous les pronoms relatifs – la peinture

Tobias : Je dois faire une présentation sur une peinture pour la classe de dessin. Tu savais ceci ? Mona Lisa que tout le monde connaît s'appelle *La Joconde* en français et *La Gioconda* en italien. C'est Léonard de Vinci qui l'a peinte entre 1503 et 1506.

Pascal : Quel est le musée où / dans lequel / auquel est exposée *La Joconde* ?

Tobias : C'est évidemment le Louvre à Paris. Le cadre dans lequel se trouve *La Joconde* est en bois.

Pascal : Dis-moi ce qui te plaît et ce que tu n'aimes pas dans cette peinture.

Tobias : J'aime la technique appelée « sfumato », qui / ce qui veut dire « enfumé », faite par plusieurs couches de peinture. Ce qui me dérange un peu, c'est la couleur sombre. Mais ce que nous voyons aujourd'hui n'est plus comme la peinture avait été à son origine.

Pascal : Qui est cette *Joconde* ?

Tobias : La femme dont / de laquelle* de Vinci a fait le portrait est inconnue (faire un portrait de qn).
Plusieurs hypothèses existent. Les femmes auxquelles font référence (faire référence à qc) les théoriciens sont entre autres Lisa del Giocondo et Pacifica Brandani. Ce secret auquel chaque amateur d'art s'intéresse (s'intéresser à) reste un grand mystère.

Pascal : Tu es déjà allé au Louvre, où / dans lequel se trouve *La Joconde* ?

Tobias : Oui et elle est toute petite. D'ailleurs, le tableau qui est exposé n'est qu'une copie du tableau original. Ce dont le musée a peur (avoir peur de), c'est un deuxième vol.

Pascal : Quoi ! Un deuxième vol… ? Est-ce que quelqu'un a réellement osé voler le tableau qui attire tant de visiteurs ?

Tobias : Oui, ce vol dont / duquel* on parle (parler de) encore aujourd'hui a eu lieu en 1911. Le tableau a été retrouvé deux ans après. Bizarrement, Apollinaire et Picasso étaient parmi les personnes qu'on suspectait avoir volé la peinture.
Je trouve marrant que les peintures à côté desquelles se trouve *La Joconde* restent souvent ignorées.

Pascal : La peinture et les sculptures de Michel-Ange sont des œuvres que j'adore et dont / desquelles* je connais tous les détails (connaître de détails de qc).

Tobias : La sculpture dont / de laquelle* je me souviens (se souvenir de) le plus est le *David* de Michel-Ange.

Pascal : La pierre sur laquelle Michel-Ange a travaillé est le marbre.
On dit d'ailleurs que le *David* est la sculpture dont / de laquelle* Michel-Ange était le plus fier (être fier de).

Tobias : Leonard de Vinci, qui avait reconnu le talent de Michel-Ange, l'avait accepté comme élève.

Pascal : Je sais. Et les élèves auxquels Michel-Ange a donné des leçons sont aussi devenus connus (donner des cours à qn).

Tobias : De quoi vivaient ces artistes ? Le matériel dont / duquel* les deux artistes avaient besoin (avoir besoin de) coûtait certainement très cher.

Pascal : Les Médicis auxquels / à qui beaucoup d'œuvres d'art ont été dédiées aimaient la peinture (dédier qc à qn). C'est pour cela qu'ils soutenaient les artistes. À Florence, les arts florissaient pendant l'époque où / à laquelle / pendant laquelle régnaient les Médicis.

Tobias : En général, le pays où / dans lequel sont nés beaucoup d'artistes importants est l'Italie.

Pascal : Je dirais même que les artistes dont / desquels* nous parlons (parler de) maintenant sont deux des plus importants de notre culture.

Tobias : Tu veux venir au Musée d'art moderne ce week-end ? La peinture est un art qui change tout le temps et qui me plaît pour cette raison. Et en plus, ce que les musées exposent change selon la mode. Tout est toujours différent.

Pascal : Pourquoi pas. Ce qui est le plus intéressant, selon moi, est l'usage des couleurs. Et en ce qui concerne l'art moderne, ça peut être intéressant.

Tobias : À samedi donc.

Pascal : Salut !

* Remarque pour les spécialistes : Il est préférable (es ist vorzuziehen) d'utiliser « dont » au lieu de « duquel », « de laquelle », « desquels » et « desquelles » s'il n'y a pas une indication de lieu comme « à côté de », « près de », « à droite de », « au fond de », etc.

11. Tous les pronoms relatifs – le voyage en mokoro au delta de l'Okavango

A. L'arrivée au delta de l'Okavango

La jeune prof qui adorait voyager tentait de profiter de chaque été pour faire un grand voyage exotique pendant lequel elle pourrait découvrir un nouveau pays et une nouvelle culture.

Une année, elle est partie entre autres au Botswana, où elle a fait un safari. Ce qui l'inspirait le plus, c'était de dormir tout le temps dans une tente au milieu de la nature. La partie du voyage qu'elle aimait le plus et dont / de laquelle* elle se souviendrait (se souvenir de) toute sa vie s'est déroulée dans le delta de l'Okavango. En arrivant au bord du delta, le groupe avec lequel la prof voyageait a rencontré des locaux. En groupe de deux, les voyageurs aventuriers allaient être menés au milieu du delta en mokoro, qui est un petit bateau en bois ressemblant à une gondole à Venise.

Elle s'est retrouvée avec l'Australienne Alison, surnommée Ali, dans le mokoro de Top Dog, qui avait grandi dans la région. Après plus d'une heure pendant laquelle Top Dog ramait doucement à travers les eaux où / dans lesquelles se cachaient des hippopotames dont / desquels* on entendait (entendre des bruits de qc) les bruits, ils sont arrivés sur une petite île qui / où allait être leur camp pour deux nuits et trois jours.

Parmi le petit groupe d'aventuriers, il y avait un groupe de quatre amis dont trois étaient Allemands et un était d'origine turque. Thomas, Daniel, Matthias et Can avaient été emmenés dans des mokoros par Holy et Culture. Evidemment, les locaux avaient choisi des surnoms que les touristes réussissaient à prononcer.

Tous les jours dans le delta, Top Dog emmenait la prof, Ali et les quatre amis allemands et turc dans la savane, dans laquelle ils se promenaient à pied afin de découvrir les animaux dans leur habitat naturel. Aucune arme n'avait été apportée au delta où Top Dog avait grandi. Top Dog s'y connaissait très bien, il reconnaissait le comportement des animaux et savait expliquer mille choses sur la nature.

Le groupe avançait à travers la savane qui les fascinait.

Pronoms : Les pronoms relatifs

Cher lecteur, imaginez marcher à travers la nature, sans armes, équipé uniquement d'une paire de jumelles. Une nature dans laquelle se trouvent des lions, des guépards et des léopards. Sachez pourtant que ce sont les animaux qui ont peur des êtres humains. Il faut savoir interpréter les comportements des animaux, il faut les respecter et garder une certaine distance. Ce dont il faudrait avoir peur (avoir peur de) est uniquement de se perdre. Top Dog a expliqué les repères auxquels on doit faire attention (faire attention à). Ce sont les termitières qui fonctionnent comme une boussole, puisqu'elles sont toujours inclinées vers l'ouest.

* Remarque pour les spécialistes : Il est préférable (es ist vorzuziehen) d'utiliser « dont » au lieu de « duquel », « de laquelle », « desquels » et « desquelles » s'il n'y a pas une indication de lieu comme « à côté de », « près de », « à droite de », « au fond de », etc.

B. La nuit

De retour au camp, la nuit allait tomber. Un énorme feu avait été allumé, mais pas avec des branches d'arbres, non, avec des arbres entiers qu'on poussait toujours plus dans les flammes au fur et à mesure qu'ils se consumaient.

Holy et Culture ont commencé à préparer le dîner dans un pot sur le feu dans lequel ils versaient une sorte de poudre. Ce qu'ils cuisinaient s'appelle Pup, une sorte de purée de maïs sous forme de poudre, avec du poulet. L'eau avec laquelle le thé était fait avait été puisée dans la rivière (= aus dem Fluss geschöpft) et bien que bouillie, elle gardait sa couleur brunâtre. Peu importe, l'eau, à laquelle des sachets de thé ont été ajoutés (ajouter qc à qc), allait intensifier encore sa couleur avant de devenir du vrai thé.

Ali, Thomas, Daniel, Can, Matthias et la prof se sont regroupés autour du feu et ont dévoré le dîner qui allait apaiser leur faim. Contrairement à leurs guides locaux qui ne mangent qu'une fois par jour d'habitude, les touristes sont évidemment habitués à manger trois repas par jour.
Après le dîner, les locaux ont partagé des histoires vécues amusantes auxquelles les touristes se sont intéressés (s'intéresser à) et dont / desquelles* ils ont bien ri (rire de qc). Par la suite, les locaux se sont mis à chanter dans leur langue locale, le « tswana ». Les sujets à propos desquels ils chantaient (chanter de qc) concernaient leur pays et la nature. Les animaux auxquels ils se référaient (se référer à) étaient entre autres les grenouilles ou les hippopotames. En imitant les sons des grenouilles, ils sautillaient comme ces animaux autour du feu. Ali, l'Australienne, a décrit l'ambiance par laquelle elle était fascinée en affirmant : « Instant happiness ! », donc « Joie immédiate ! ». Culture a expliqué que les chansons et danses avec lesquelles les locaux divertissaient les touristes étaient toujours chantées lors des fêtes ou mariages.
Peu à peu, tout le monde s'est retiré dans sa propre tente pour y passer la nuit. Seuls Daniel et la prof sont restés assis autour du feu, près duquel on ne souffrait pas du froid. Daniel, qui fumait, a allumé une cigarette et les deux parlaient de ce qui les avait impressionnés le plus pendant la journée. De temps en temps, des sons des animaux dont / desquels* ils parlaient (parler de) se faisaient entendre : le cri d'une hyène, le barrissement d'un éléphant ou le grognement (= Grunzen) d'un hippopotame. Ce que les deux voyageurs craignaient était d'être surpris par des animaux qui pénétreraient dans le camp où / dans lequel ils se trouvaient et pour cela ils ont décidé de se retirer également dans les tentes et d'aller dormir. Toute la nuit, les animaux qui passaient tout près se faisaient entendre. Quel concert !

* Remarque pour les spécialistes : Il est préférable (es ist vorzuziehen) d'utiliser « dont » au lieu de « duquel », « de laquelle », « desquels » et « desquelles » s'il n'y a pas une indication de lieu comme « à côté de », « près de », « à droite de », « au fond de », etc.

C. Le deuxième jour

Le lendemain, ils ont fait une deuxième randonnée au milieu de la savane. C'était ce que tous attendaient avec impatience. Tout le monde suivait le guide pas après pas car ainsi les animaux ont moins peur et ne fuient pas. Lentement, ils marchaient à travers l'herbe qui leur arrivait parfois jusqu'aux hanches. De loin, ils ont aperçu deux éléphants qui mangeaient tranquillement et dont / desquels* on ne voyait que les têtes puisqu'ils étaient cachés derrière une petite colline. Doucement, le guide auquel le groupe faisait confiance (faire confiance à qn) s'est approché jusqu'à 100 mètres des éléphants sauvages. Grâce aux paires de jumelles à travers lesquelles les touristes regardaient, chaque détail des animaux était visible.

Un peu plus loin se trouvait un troupeau de zèbres. Ce qui peut surprendre est que chaque zèbre a des bandes noires et blanches différentes, comparables aux empreintes digitales des êtres humains. Les animaux dont / desquels* le groupe s'approchait (s'approcher de) regardaient attentivement mais sans bouger. Ce qu'il ne fallait absolument pas faire, c'était des mouvements brusques ou hurler. Ainsi, on pouvait observer les animaux qui, eux aussi, observaient les êtres humains.

De retour au camp, les touristes pouvaient essayer de pédaler et de naviguer un mokoro avec lequel tous étaient venus au delta et qui est le seul moyen de transport des locaux. Tandis que Matthias et Can préféraient se détendre en lisant, Daniel, Thomas, Ali et la prof voulaient tester leur talent. Les femmes étaient plus douées que les hommes qui sont tombés dans l'eau. Daniel a réussi à rester debout pendant dix minutes tandis que Thomas est tombé après deux minutes dans l'eau dans laquelle coassaient de grosses grenouilles. Après une deuxième nuit au milieu du delta, les aventuriers ont dû quitter le delta et continuer leur voyage. Ces trois jours resteront certainement ce dont tous allaient se souvenir encore pour longtemps.

*Remarque pour les spécialistes : Il est préférable (es ist vorzuziehen) d'utiliser « dont » au lieu de « duquel », « de laquelle », « desquels » et « desquelles » s'il n'y a pas une indication de lieu comme « à côté de », « près de », « à droite de », « au fond de », etc.

L'adjectif possessif

1. Présentons notre famille

JE/ILS :

Ça, c'est moi. Ma passion est d'observer les gens. J'adore me créer des histoires sur leurs vies. C'est un peu comme dans mon film préféré « Le fabuleux destin d'Amélie Poulain ». Je suis souvent plongée dans mes réflexions et j'écris tout dans mon journal intime. Mais j'ai aussi beaucoup de loisirs. Mon hobby préféré est le chant. Avec Ursina, mon amie (f.) avec qui je passe le plus de temps, j'ai créé mon premier groupe musical. Nous faisons de la musique pop-rock. Je compose mes propres pièces musicales que nous chantons et jouons ensuite.

Pronoms : L'adjectif possessif

JE/NOUS :

Et ça, c'est mon frère préféré, Timon. C'est mon préféré, car j'en ai un seul. Quand nous étions petits, nous avions notre propre langue que les autres ne comprenaient pas. Nos mots inventés étaient un mélange entre le français, l'italien et le suisse allemand. Ce qui était bien était que nos parents ne nous comprenaient pas. Encore aujourd'hui, nous la parlons quand notre mère ou notre père ne doit pas nous comprendre.

JE/ELLE :

Voilà ma grand-mère. Elle est une personne un peu folle, mais elle est ma personne préférée au monde, parce que j'adore son humour, sa gentillesse et son grand cœur. Je dis qu'elle est un peu folle étant donné qu'elle est restée comme un enfant. Pour fêter ses 70 ans, elle a fait un tour du monde sur un bateau à voile. Elle a dit qu'elle veut réaliser tous ses rêves avant la fin de sa vie. Pour cela, elle a écrit sa liste avec tout ce qu'elle désire faire. Chaque jour de son existence (f.) terrestre qui lui reste, elle fait quelque chose de nouveau.
La semaine passée, elle a fumé son premier cigare, elle s'est fait faire son premier tatouage et elle a mangé ses premiers insectes achetés à la Coop. Quelle femme impressionnante !

JE/NOUS :

Ma famille adore les animaux. Ça, c'est notre chien. Nous l'avons appelé « Omnivore » parce qu'il mange tout. Et si je dis tout, c'est vraiment tout. Il a déjà mangé une partie de toutes nos / mes chaussures.
Hier soir, il a volé notre repas du barbecue avant que nous puissions l'attraper. Il a dévoré notre viande, nos saucisses et même notre maïs. Un chien qui mange du maïs – ça, c'est notre animal domestique. Un peu fou comme le reste de notre / ma famille.

JE/ILS :

Ce sont mes deux cousins, Fabrice et Andreas. Ce sont les seuls jumeaux de ma / notre famille.
Fabrice et Andreas aiment faire beaucoup de sport. Leurs sports préférés sont le basket et le ski. Dans leur temps libre, ils sont toujours soit dans les montagnes soit sur le terrain de basket. Pour être honnête, les deux me rappellent Fred et George Weasley de leur / mon film préféré *Harry Potter*. Leurs têtes sont toujours ailleurs, ils sont toujours en train de créer de nouveaux tours qu'ils vont jouer à leurs / mes amis ou à leur / ma famille. Il y a une semaine, ils ont cloué leur / mon ami au plafond avec une perceuse. Et à leurs profs à l'école, ils leur ont donné du laxatif pour que leurs cours n'aient pas lieu.

TU/VOUS :

Et toi ? Présente-moi ta famille et parle-moi de ta vie. Oui, tu as raison, je suis une personne curieuse. En réalité, je m'intéresse à ton histoire (f.). Quelle était ta plus grande aventure ? Quelle est ton idée (f.) pour changer quelque chose dans le monde ? Et quelles sont tes folies ?
Je sais que tu as une soeur. Quelles sont vos ressemblances ? Est-ce que votre voix ou vos traits physiques sont les mêmes ? Quelles sont vos préférences que vous partagez ?

2. « Son, sa, ses » ou « leur, leurs » ?

Sophia et Andrine parlent d'un travail français sur les variations linguistiques qu'elles doivent faire en groupe avec Vanessa et Lara. Les tâches ont été distribuées.

Sophia : Moi, je fais une recherche sur les mots en Suisse romande. Qu'est-ce que Lara fait ?

Andrine : Son travail porte sur la recherche concernant les abréviations dans les textos.

Sophia : Est-ce que Lara fait sa part pendant le weekend ? Parce que j'ai besoin de ses résultats.

Andrine : Lara et Vanessa vont me donner leurs résultats dimanche soir.

Sophia : C'est très bien. Ainsi, je pourrai intégrer leur part individuelle dans le dossier.

Andrine : Heureusement, nous avons Vanessa dans notre groupe. Son texte sera certainement sans fautes puisqu'elle parle le français à la maison.

Sophia : Mais sa grammaire n'est pas parfaite.

Andrine : Mais elle est meilleure que la nôtre. Elle a promis aussi de corriger les textes de Jamina et Malin.

Sophia : Leur français devient toujours meilleur. Je suis sûre que leurs textes sont meilleurs que les nôtres.

Andrine : Comme tu es pessimiste aujourd'hui. D'habitude c'est moi qui le suis.

Sophia : J'ai juste l'impression que leur sujet est plus facile que le nôtre.

Andrine : Quelle est leur thématique ?

Sophia : Ce sont les traditions culturelles en France, au Canada et en Suisse. Malin adore cela. C'est son hobby ou, pour mieux dire, c'est sa passion.

Andrine : (ironique) Et pour Vanessa et Lara c'est pareil, non ? Leurs matières préférées sont les langues. Donc, on peut dire que cela aussi est une « petite » passion pour les langues. C'est donc parfait pour leur chapitre. Sophia, tu exagères !

Sophia : Tu as probablement raison. Ce n'est pas ma journée aujourd'hui…

3. Leur ou leurs ?

a. Paul doit leur rendre visite. — I
b. Ce n'est pas ma fête, c'est leur fête. — P
c. Ce soir, mes amis viennent chez moi. Je vais leur préparer un bon repas. — I
d. Est-ce que ce sont leurs chaussures qui trainent ici ? — P
e. Il faut que tu leur dises la vérité ! — I
f. Mes parents ont ouvert leur propre magasin. — P
g. Marianne et Thomas envoient leurs enfants dans une école privée. — P
h. Quel est leur nom de famille ? — P
i. Donne-leur quelque chose à boire. — I
j. Ce que je leur ai dit était un secret. — I
k. Les enfants sont parfois difficiles. Leur humeur peut vite changer. — P
l. Ce n'est pas à nous de tout faire. Ce sont leurs travaux. — P
m. Notre aide, nous devons la leur offrir.

Pronoms : Le pronom possessif

4. Louis XIV – le Roi Soleil

Louis XIV, le roi de France, avait régné pendant soixante-douze ans jusqu'en 1715. Je suis sûre que vous connaissez son surnom. Louis XIV, le Roi Soleil. Mais avez-vous la moindre idée pourquoi sa cour (f.) lui a donné ce nom ?
Vous n'allez pas croire vos yeux en lisant ces lignes… On lui a donné ce nom à cause de la danse classique, le ballet. Oui, le roi, qui était connu pour ses paroles : « L'État, c'est moi ! », était un amateur de ballet. On sait que Louis XIV dansait lui-même le ballet. C'était un de ses passetemps favoris. Il dansait sur scène devant un public important jusqu'à sa 30ᵉ année de vie. Son rôle le plus connu était celui qu'il avait incarné à l'âge de 14 ans, en 1653 : dans le *Ballet royal de la Nuit,* Louis XIV a dansé le « Soleil » qui se lève. C'est la raison pour laquelle son entourage (m.) et, plus tard, les enfants de l'entourage et leurs enfants l'ont appelé « Roi Soleil ».
En 1661, Louis XIV a fondé son « Académie (f.) royale de danse ». Ceux parmi vous qui font de la danse, ne vous êtes-vous jamais demandé pourquoi votre professeur utilise des mots français comme « plié », « développé », « chassé » ou « fondue » ? Voici votre / ma / notre réponse. De cette période datent également les cinq positions de base des pieds.
C'est en France que le ballet s'est développé, mais en réalité il est né en Italie, à Florence, chez les Médicis. C'est Catherine de Médicis, qui s'est mariée avec Henri II, qui a emmené cette danse dans son nouveau pays. Avec elle sont venus des chorégraphes et leurs danseurs. Leur premier spectacle était appelé *Ballet comique de la Reine*.

Avez-vous vu ou lu une comédie de Molière ? Ses œuvres sont destinées à faire rire, comme *Le malade imaginaire* ou *L'Avare*. Mais Molière n'a pas uniquement écrit des comédies, il a écrit plusieurs comédies-ballets pour son roi. Les acteurs faisaient des danses entre leurs scènes. Il s'agissait donc d'une pièce de théâtre combinée avec de la danse classique. Louis XIV était le mécène de Molière et les deux étaient liés d'amitié. Presque toutes ses pièces étaient toujours jouées à la cour royale. Pour honorer leur amitié, le roi avait même accepté d'être le parrain du premier enfant de son ami auteur.

Le pronom possessif

1. À remplacer

a. les miennes
b. la tienne
c. les siens
d. les nôtres
e. le mien
f. le vôtre
g. la leur

2. À compléter

a. Je m'occupe de mes affaires. Donc, s'il te plaît, occupe-toi des tiennes.
b. Si tu demandes à ton mari de faire un cours de danse, je demanderai aussi au mien.
c. Tout le monde regarde le projet de Lisa et Helena, mais votre projet reste inaperçu. Personne ne fait attention au vôtre.
d. Fabien ne pense jamais à ses amis, Naomi, par contre, pense toujours aux siens.
e. Vous ne parlez jamais de votre travail. Nous, cependant, parlons sans cesse du nôtre.

| de + le → du | à + le → au |
| de + les → des | à + les → aux |

3. Toujours mécontente

Isabelle : Hier, j'ai vu la chambre de Lynne qui va à l'école avec moi. Sa chambre est beaucoup plus grande que la mienne. Moi aussi, je veux une chambre plus grande.

Mère : Dis ceci à tes frères. Tu as vu la leur ? Elle est encore plus petite que la tienne et ils doivent la partager.

Isabelle : Mais mes frères ont plus de jouets. Et les leurs sont plus amusants. Et ils sont plus neufs.

Mère : Ils ne sont pas plus neufs que les tiens, mais tes frères les traitent mieux. Quand tu es fâchée, tu jettes les jouets partout et ainsi, ils s'abîment plus vite.

Isabelle : C'est parce que je m'ennuie. Je n'ai pas assez de jouets.

Mère : Pas de problème. Tu peux m'aider à faire les travaux domestiques, si les tiens que tu dois faire ne sont pas suffisants. Tu dois uniquement laver la vaisselle et sortir le chien, mais tu peux m'aider plus. De la sorte, tu ne t'ennuieras pas.

Isabelle : Je ne veux pas t'enlever ton hobby.

Mère : Mon hobby... (ironique) Certes, mes hobbys sont d'emmener toi et tes frères à vos hobbys et de venir vous chercher après. Isabelle, le tien est de monter à cheval et, quant à tes frères, le leur est de grimper. Oui, c'est mon hobby et je m'amuse vachement à vous emmener et aller vous chercher aux vôtres.

Isabelle : Maman, tu ne dois pas te fâcher. Tu devrais faire attention à ton humeur. Elle est un peu mauvaise.

Mère : Et la tienne ? Tu te plains toujours de tout et si tu n'as pas ce que tu désires, tu jettes tes jouets. J'en ai marre. Ce soir, tu iras au lit sans dessert.

Plus tard, Isabelle et ses deux frères.

Isabelle : Ma copine Lynne a vraiment de la chance. Elle a une grande chambre et ses parents sont beaucoup moins stricts que les nôtres.

Son frère Tobias : Oui, mais ses parents sont moins stricts parce qu'ils ne sont jamais à la maison. Les siens ne s'occupent jamais d'elle et ils la laissent toujours seule.

Isabelle : Sa mère est cool.
Son frère Tobias : Je connais sa mère, elle ne cuisine jamais et ne fait jamais de tartes ou de biscuits. La nôtre fait toujours quelque chose de sucré pour nous.
Isabelle : Oui, mais elle est toujours là, elle voit tout, elle observe tout. C'est énervant.

4. Les registres linguistiques

Le vieux monsieur Millet entend son smartphone faire « bip ».
Il cherche ses lunettes afin de lire le nouveau message. Mais malgré les lunettes, il ne réussit pas à déchiffrer le message de son petit-fils. Il murmure : « La langue de ces jeunes n'est plus compréhensible. Elle est si différente de la nôtre / la mienne. Leurs SMS sont pleins d'abréviations comme « gt » ou « dm1 ». Leur génération semble avoir créé un langage complètement différent. La nôtre n'en avait pas encore. Nous avons toujours écrit comme à l'école. » Monsieur Millet se met à lire, il fronce son front en déchiffrant.

Monsieur Millet pense : « J'aime mon petit-fils, mais son français est terrible. Le mien était beaucoup mieux à cet âge. Son orthographe (f.) me fait énormément de soucis. La mienne a toujours été très bonne. Je n'étais pas très fort en mathématiques, mais je ne faisais jamais de fautes d'orthographe. J'espère qu'il trouvera quand même un poste de travail malgré son déficit. »
Monsieur Millet est plongé dans ses pensées. Il se souvient de ce que son petit-fils lui avait dit. Il lui avait expliqué qu'il y a même des personnes qui parlent le « verlan » – une langue avec des mots à l'envers. Les habitants des banlieues françaises ont inventé et parlé leur langue cryptée pour ne pas être compris. Monsieur Millet se souvient : « Mes petits-enfants m'ont même dit que ce « verlan » est aujourd'hui employé un peu partout en France. Les chanteurs utilisent ces mots dans leurs chansons. Leurs chanteurs préférés sont les rappeurs, les nôtres étaient Johnny Hallyday ou Claude François. »
Monsieur Millet entend dans sa tête les chansons de sa jeunesse et se dit : « La nôtre était une belle musique. Et les nôtres étaient de bons textes. »

Les pronoms toniques

1. C'était qui ?

a. Est-ce que c'est toi qui as cuisiné ? – Oui, c'était moi.
b. Est-ce que ce sont les enfants qui chantent à tue-tête ? – Oui, ce sont eux.
c. C'est à qui le tour de nettoyer ? – C'est toujours la personne qui demande, donc c'est à toi.
d. Qui a provoqué ce chaos ici ? – C'était le chat. C'est toujours lui.
e. Qui a gagné le match ? Notre équipe ou l'autre ? – Heureusement que c'était nous.
f. Est-ce que c'est à la belle Salomé que tu as envoyé une carte postale ? – Oui, c'est à elle.
g. Les enfants, qui n'a pas fermé la fenêtre ? Tout est mouillé à cause de la pluie ! – C'était vous, madame. Vous aviez promis d'y penser.

h. Habites-tu avec Stéphanie et Kateryna ? – Oui, j'habite avec elles pendant un mois, avant de trouver une nouvelle colocation.
i. Est-ce que ce sont Elias et Silja qui ont tellement envie d'aller au cinéma ? – Non, ce ne sont pas eux, ce sont Sandra et Ervin.
j. Avec qui est-ce que tu vas à l'Open Air ? – Toujours avec Maurice et Fabrice. C'est avec eux que je m'amuse le plus.
k. Qui veut du chocolat ? – Moi !! Je suis accro au chocolat.

2. C'était où ?

a. Je mange chez ma grand-mère. Chez elle, on mange le mieux.
b. Où est-ce qu'on dort le mieux ? – D'habitude, on dort le mieux chez soi à la maison dans son propre lit.
c. Où est-ce que nous mangeons ce soir ? Dans votre colocation ou dans la nôtre ? – Nous avons encore beaucoup de nourriture dans le frigo, donc il vaut mieux que nous mangions chez nous.
d. J'ai adoré passer à travers la jungle sur le dos de cet éléphant. Sur lui, je me suis sentie en sécurité.
e. Jennifer préfère sortir. C'est pour elle que nous sommes allés au restaurant hier soir.
f. Je déteste aller dans le bureau de mes deux chefs. Dans le bureau chez eux, je ne me sens pas à l'aise.
g. Où se trouve la petite fille de Thomas ? – Elle est timide. Pour cela, elle se cache toujours derrière lui.
h. Les enfants, restez près de Marianne et Manon. Si vous restez près d'elles en ville, vous ne vous perdrez pas.

3. Soi-même

a. Kerstin est frustrée car, à l'école, il faut faire un travail de groupe. Kerstin a l'impression de devoir faire tout elle-même.
b. Le capitaine du navire fait lui-même la présentation des consignes de sécurité.
c. Mon frère et moi, nous adorons réparer nos vélos nous-mêmes.
d. Il est absolument fondamental de rester soi-même dans une relation amoureuse.
e. J'essaie de résoudre mes problèmes moi-même et je ne veux pas l'aide des autres.
f. Carmen, reste toujours toi-même dans toutes les situations.
g. Les petits enfants essaient toujours de tout faire eux-mêmes.
h. Il faudrait être honnête avec soi-même car il est facile de se mentir à soi-même.
i. Vous devez croire au miracle car vous en avez certainement déjà vu vous-même (pour une personne qu'on vouvoie) / vous-mêmes (pour plusieurs personnes).
j. Sophie et Angelin organisent elles-mêmes la fête pour leur anniversaire.

Adjectif et adverbe

L'adjectif

1. Mots croisés

1. passif
2. lisible
3. fidèle
4. mou
5. rousse
6. étrangère
7. nocif
8. cher
9. bleu
10. folle
11. éternel
12. bas
13. passée
14. cassé
15. fameux
16. généreuse
17. craintive
18. beau
19. régulière
20. ennuyeux
21. méchante
22. brune
23. ponctuelle
24. brésilienne
25. blanche
26. sec

TU ES SUPER

Adjectif et adverbe : L'adjectif

2. Du masculin au féminin, du singulier au pluriel

A. Du masculin au féminin et vice-versa

a. un dessin original — une peinture originale
(ne pas confondre avec : originel, originelle)
b. un artiste rêveur — une chanteuse rêveuse
c. un vin grec — une salade grecque
d. un repas formel — une cérémonie formelle
e. un jour d'hiver frais — une journée fraîche
f. un dessert sucré — une crêpe sucrée
g. un vélo neuf — une voiture neuve
h. un moment délicat — une situation délicate
i. un entretien bref — une conversation brève
j. un gros défaut — une grosse erreur

B. Du singulier au pluriel et vice-versa

a. un frère jumeau — des frères jumeaux
b. une sportive musclée — des sportives musclées
c. un politicien italien — des politiciens italiens
d. le premier contact — les premières résolutions
e. une amitié superficielle — des rapports superficiels
f. une question idiote — des articles idiots
g. l'entraînement mental — les calculs mentaux
h. un chien peureux — des souris peureuses
i. un économiste calculateur — des entreprises calculatrices
j. la salutation finale — les jeux finaux

Le pluriel des adjectifs fonctionne généralement d'après les règles du pluriel des substantifs ; voir grammaire p. 44–45. Apprenez la forme féminine ou le pluriel lorsque vous apprenez le vocabulaire.

3. Nouveau, beau, vieux

Karin : Bonsoir, monsieur Jacques. Comment allez-vous ?

Jacques : Bonjour, ma belle Karin. Ça va, ça va. Mes vieux os me font mal. Surtout avec ce froid. Rien à faire, je suis un vieil homme qui marche avec sa nouvelle / belle canne.
Mon épouse voulait me l'offrir comme cadeau de Noël, mais la vieille canne s'est cassée hier. Donc, nous sommes allés en acheter une nouvelle ce matin.

Karin : Elle est très belle. J'aime la veinure du bois.

Jacques : Heureusement que c'est bientôt Noël et le nouvel an. Je verrai toute ma famille et le nouveau-né de mon fils. C'est toujours une très belle ambiance de fêter en famille.

Karin : Avez-vous déjà tous les cadeaux pour chaque membre de la famille et également pour le nouveau membre ?

Jacques : Pour mon fils, j'ai acheté un nouvel / bel appareil photographique pour qu'il puisse faire tant de photos de son beau / nouveau bébé.
Mon petit-fils désire avoir un nouvel ordinateur. Mon épouse s'occupe des autres cadeaux.

Karin : Avez-vous de belles / vieilles traditions que vous répétez chaque année ?
Jacques : Nous avons une nouvelle / belle tradition depuis l'année dernière.
Chaque personne raconte une belle / nouvelle / vieille histoire d'un bel / nouvel événement qu'il ou elle a vécu pendant l'année. En plus, chacun écrit un nouvel / bel objectif qu'il ou elle veut atteindre pendant la nouvelle année.
Karin : C'est une belle idée. Ça permet de bien terminer le vieil an qui finit et d'encore mieux commencer la nouvelle année.

4. Et si on remplaçait… ?

a. Ma maison est très colorée. Elle est rouge, verte, jaune, noire et certainement pas blanche. Disons qu'elle est charmante et unique.
b. J'adore ma petite chienne mignonne, mais elle est un peu grosse pour sa taille.
c. Les personnes sur Instagram qui sont artificielles ne me plaisent pas.
D'après moi, elles sont fausses, arrogantes et superficielles.
d. Ma première petite amie était silencieuse, timide, mais très intelligente et sportive.
La deuxième était quelque chose entre créative, originale et folle.
e. Les derniers mois ont été un peu difficiles. Ils n'étaient ni intéressants ni aventureux, ils étaient juste durs et fatigants.
f. Les garçons de Jacky sont très studieux. Ils ne sont jamais bruyants, mais respectueux et plutôt réservés. Je ne les ai jamais vus furieux ou criards.

5. Daniel et Danielle

Pour faire cet exercice correctement à 100 %, il faut modifier également les adjectifs possessifs, les pronoms possessifs et quelques substantifs. Si vous n'avez pas encore étudié ces thèmes grammaticaux, ne vous en faites pas (= macht euch nichts draus) !
Si vous avez modifié correctement les adjectifs, vous avez déjà bien fait votre travail !

Danielle se lève chaque jour à 2 heures du matin pour aller au travail. Elle est apprentie boulangère. Les premières heures, elle est très fatiguée, néanmoins elle est toujours motivée et veut bien faire son travail. Sa vieille patronne est lunatique, mécontente de sa vie et un peu agressive.
Danielle, frustrée, se plaint auprès de son[1] amie. Celle-ci[2] est étudiante au lycée. Elle explique qu'elle le[3] comprend bien : « Moi aussi, j'ai une professeur qui ne paraît jamais heureuse. Elle est hyper sévère et exigeante. Les autres filles de ma classe sont très studieuses et travailleuses. Il n'y a que deux élèves qui sont paresseuses et je suis l'une des deux. »
Danielle répond qu'au moins, elle doit seulement étudier. « Je dois être debout toute la journée. Parfois, je me sens épuisée parce que mon travail est très physique. » – « Moi, je suis aussi crevée, mais mentalement. Parfois, mes copines et moi, nous nous sentons surchargées à cause de tout ce que nous devons étudier pour les examens. Mes copines ne sont jamais paresseuses et donc je dois moi aussi être le plus appliquée possible. Et en plus, je ne gagne rien. Toi, tu as au moins un peu d'argent. » – « Les apprenties restent quand même pauvres malgré le travail qu'elles font. Mais malgré tout, si on y pense : toutes les apprenties et toutes les élèves devraient être satisfaites et reconnaissantes pour la belle vie qu'elles mènent. Si on compare notre situation avec celle des travailleuses exploitées dans d'autres

Adjectif et adverbe : L'adjectif

pays ou les filles désireuses d'étudier qui n'ont pas la chance d'aller à l'école… Nous pouvons nous considérer chanceuses. »

[1] L'adjectif possessif *son* reste parce que *amie* commence avec une voyelle; voir grammaire p. 60, boîte grise.

[2] Pronom démonstratif; voir grammaire p. 49.

[3] Vous pouvez laisser le pronom *le*. Cela veut dire : « Sie versteht es (die Situation) gut. »
Vous pouvez aussi modifier le pronom et écrire *la*. Cela veut dire : « Sie versteht sie (= Danielle) gut. »

6. Où placer les adjectifs?

a. un pays; petit; fameux — un petit pays fameux
un pays petit et fameux
b. des voisins; original; bon — de* bons voisins originaux
des voisins bons et originaux
c. des garçons; petit; blond — de* petits garçons blonds
des garçons petits et blonds
d. un avion; vieux; portugais — un vieil avion portugais
un avion vieux et portugais
e. des femmes; sportif; sympathique — des femmes sportives et sympathiques
f. un ami; beau; gentil — un bel ami gentil
un ami beau et gentil
g. une chemise; long; joli — une jolie chemise longue
une chemise longue et jolie
h. les Françaises; marié; jaloux — les Françaises mariées et jalouses
i. l'appartement; nouveau; grand — le grand appartement nouveau
le nouvel appartement grand
l'appartement grand et nouveau
j. un animal; minuscule; dangereux — un animal minuscule et dangereux
k. deux chats; gros; noir — deux gros chats noirs
deux chats gros et noirs
l. la championne; premier; mondial — la première championne mondiale

* L'article indéfini *des* devient *de* devant un adjectif; voir grammaire p. 42, boîte grise.

7. Changement de signification

a. *Une chambre propre* est une chambre qui a été nettoyée.
Ma propre chambre est la chambre qui est à moi.
b. *Un ami pauvre* est un ami qui a très peu d'argent.
Un pauvre ami est un ami qui souffre, qui a vécu de mauvaises expériences ou qui est blessé.
c. *Un vieil ami* est un ami que je connais depuis très longtemps.
Un ami vieux est un ami qui est âgé.
d. *Une chère amie* est une personne que j'aime beaucoup.
Un objet cher est un objet qui coûte beaucoup d'argent.

8. Petites annonces

Appartement
À partir du beau mois — de juillet, nous louons un — appartement merveilleux au centre du grand village — de Möhlin. L'appartement dispose d'un — balcon spacieux et d'une vieille cheminée — bien rénovée dans le — salon spacieux et lumineux.

Animal domestique
Notre grosse chatte noire / noire et grosse vient d'avoir six bébés. C'était un — animal vagabond très timide et depuis qu'elle est arrivée dans notre joli jardin —, elle n'est plus partie. Nous avons cru que ce — chat doux était masculin, mais la — semaine passée, elle a accouché de six — bébés mignons. Il y a une — femele brune, deux — femelles blanches, un petit mâle gris / petit et gris et deux — mâles très colorés. Ces — chats adorables cherchent une — famille gentille qui les accueillerait.

9. Les parfums

Grasse est un petit village médiéval (ou : ... un village petit et médiéval ...) près de Cannes, au sud de la France. Grasse a conquis une place dominante dans l'industrie des parfums. Déjà en plein Moyen Âge, les tanneurs se sont installés dans la région et leurs produits sont devenus célèbres en raison de la bonne qualité du cuir.
Au XVIe et XVIIe siècle, le cuir parfumé était à la mode et pour cela, les Grassois (= habitants de Grasse) ont commencé à cultiver des fleurs locales qui sentaient bon, afin de créer des essences artisanales et des eaux parfumées.
Les paysans locaux cultivaient le jasmin, le mimosa, la lavande et la rose centifolia pour ces nouveaux produits.
On attribue pourtant à l'apothicaire d'origine italienne Francesco Tombarelli l'invention du premier parfum dans son laboratoire. Ainsi, il a donné naissance au centre européen de parfum.
Déjà au XVIIIe siècle, les parfumeurs fabriquaient et vendaient des matières premières[1] pour les parfums. Grasse a connu un développement économique énorme grâce à la production (ou : ... un développement économique grâce à la production énorme ...) des parfums.

Un siècle plus tard, Grasse a fondé des usines dans des colonies françaises afin d'intégrer également des essences exotiques dans ses (fameux) parfums fameux[2].
La fabrication artificielle des produits synthétiques par des chimistes a commencé à se développer au XIVe siècle car les parfums naturels coûtaient cher. Néanmoins, les marques prestigieuses utilisent encore aujourd'hui de vraies[3] fleurs.
Si un jour, vous allez à Grasse, entrez au Musée international de la parfumerie. Vous pouvez y tester les capacités olfactives de votre nez, faire un tour informatif de la production et acheter des produits précieux.

Adjectif et adverbe : L'adjectif

D'ailleurs, en lisant le roman captivant *Das Parfüm* de Patrick Süskind,
vous retrouverez le paysage romantique autour de Grasse.

¹ matières premières = Rohstoff
  les premières matières = die ersten Materialien

² Les parfums fameux = Ce sont les parfums qui sont fameux (= berühmt, bekannt).
  Les fameux parfums = Ce sont des parfums dont on a beaucoup entendu parler (= in aller Munde).

³ L'article indéfini *des* devient *de* devant un adjectif; voir grammaire p. 42, boîte grise.

10. Un peu de mythologie : le comparatif et le superlatif des adjectifs

A. Comparatif

a. Adonis est plus beau que Mars, qui l'a tué.
b. Hector est moins fort qu'Achille, qui a tué Hector pendant la guerre de Troie.
c. Héra est aussi jalouse qu'Athéna, car Pâris a désigné Aphrodite comme la plus belle déesse.
d. Poséidon et Hadès sont moins importants que Zeus. Ce sont trois frères dont le premier est responsable de la mer, le deuxième des enfers et le dernier est considéré le chef et le dieu du ciel.
e. Les dieux romains sont aussi complexes que les dieux grecs. Ils portent des noms différents, mais leur caractère est presque pareil. Zeus devient Jupiter, Héra est Junon et Aphrodite est appelée Vénus.
f. Le poids qu'Atlas doit porter est plus lourd que celui de Sisyphe. Atlas porte le ciel entier tandis que Sisyphe doit rouler « uniquement » une énorme pierre qui redescend dès que Sisyphe atteint le sommet.

B. Superlatif

a. Narcisse est le plus amoureux de lui-même. Par conséquent, il meurt en regardant son propre reflet dans l'eau.
b. Écho, la nymphe des montagnes, est la moins bavarde de toutes les nymphes parce que Héra l'a punie en lui volant la parole. Pour cette raison, Écho peut uniquement répéter les derniers mots qu'elle a entendus. Sa voix est tout ce qui est resté d'elle.
c. *Pyrame et Thisbé* pourraient être considérés comme la première version d'une histoire d'amour impossible à laquelle suivra plus tard la légende de *Roméo et Juliette*.
d. Le meilleur symbole de la mythologie grecque est le Cheval de Troie qui a changé le cours de la guerre. Encore aujourd'hui, ce symbole est souvent utilisé. Même en informatique, on utilise le terme « cheval de Troie informatique » en parlant d'un logiciel malveillant appelé « malware ».
e. Les aventures les pires / les plus mauvaises / (les pires aventures) étaient celles d'Ulysse qui, après la guerre de Troie, a dû traverser les mers pendant plus de dix ans avant de retourner dans sa patrie. Ce long voyage décrit dans l'*Odyssée* d'Homère trouve partout ses adaptations modernes – même dans les *Simpson*. D'ailleurs, le terme « odyssée » est utilisé fréquemment quand on se réfère à un très long voyage.

L'adverbe

1. Formation de l'adverbe

	Masculin	Féminin	Adverbe
a.	régulier	régulière	régulièrement
b.	définitif	définitive	définitivement
c.	dernier	dernière	dernièrement
d.	absolu	absolue	absolument
e.	grand	grande	grandement
f.	bruyant	bruyante	bruyamment
g.	malheureux	malheureuse	malheureusement
h.	joli	jolie	joliment
i.	furieux	furieuse	furieusement
j.	doux	douce	doucement
k.	gentil	gentille	gentiment
l.	spontané	spontanée	spontanément
m.	fou	folle	follement
n.	actif	active	activement
o.	constant	constante	constamment
p.	ambitieux	ambitieuse	ambitieusement
q.	vrai	vraie	vraiment
r.	profond	profonde	profondément
s.	musical	musicale	musicalement
t.	net	nette	nettement
u.	patient	patiente	patiemment
v.	immense	immense	immensément
w.	bref	brève	brièvement
x.	élégant	élégante	élégamment
y.	ponctuel	ponctuelle	ponctuellement

2. À vos marques ! Prêts ? Partez !

Plusieurs solutions possibles

parler	calculer	laver	torturer	finir
fort	correctement	attentivement	méchamment	ponctuellement
haut	vite	rapidement	précisément	rapidement
bruyamment	rapidement	précisément	longuement	vite
longuement	lentement	trop	toujours	déjà
bizarrement	facilement	beaucoup	etc.	etc.
méchamment	précisément	bien		
etc.	etc.	etc.		

Adjectif et adverbe : L'adverbe

dormir	marcher	nager	danser	courir
profondément	vite	vite	joliment	légèrement
longuement	rapidement	rapidement	énergiquement	élégamment
légèrement	lentement	lentement	précisément	longuement
etc.	beaucoup	profondément	machinalement	vite
	tranquillement	longuement	etc.	rapidement
	gaiement	etc.		lentement
	etc.			etc.
penser	drôle	regarder	se déguiser	écouter
intensivement	extrêmement	stupidement	drôlement	précisément
sérieusement	très	précisément	rarement	attentivement
juste	assez	attentivement	bizarrement	rarement
beaucoup	plutôt	intensivement	complètement	bien
toujours	etc.	etc.	etc.	etc.
etc.				
écrire	s'asseoir	chanter	sortir	lire
correctement	lourdement	faux	précipitamment	attentivement
laidement	difficilement	juste	doucement	beaucoup
beaucoup	régulièrement	fort	brusquement	peu
rapidement	brusquement	souvent	prudemment	rapidement
bien	etc.	toujours	etc.	vite
etc.		etc.		lentement
				etc.
porter	travailler	se disputer	boire	intelligent
prudemment	sérieusement	méchamment	rarement	très
beaucoup	dur (expression	bruyamment	beaucoup	assez
trop	fixe)	immensément	énormément	trop
assez	laborieusement	etc.	peu	plutôt
longtemps	énormément		assez	énormément
énormément	bien		etc.	etc.
etc.	etc.			

3. Adjectif ou adverbe ? À compléter !

A.

a. Il a donné une bonne réponse.
b. Je n'ai pas bien dormi.
c. C'est bien compliqué.
d. Elle a bien travaillé.
e. J'aime cette bonne soupe. / J'aime bien cette soupe.
f. Tout se passe bien.

B.

a. Il supporte mal le bruit. / (Il supporte le mauvais bruit.)
b. J'ai fait un mauvais rêve.
c. Jean parle mal l'italien.
d. Quel mauvais goût !
e. Les danseurs dansent mal sur scène. / Les mauvais danseurs dansent sur scène.
f. Je trouve que cette musique est mauvaise.

C.

a. J'ai entendu des cris horribles.
b. François est un homme horriblement laid. / François est un homme horrible et laid.
c. Aurélie a horriblement peur. / Aurélie a une peur horrible.
d. Il a écrit ce roman horrible. / Il a horriblement écrit ce roman.

D.

a. Pierre frappe fortement à la porte.
b. Je n'ai pas dormi profondément sur le sofa.
c. Je me suis tenu fortement dans le bus pour ne pas tomber.
d. Le Grand Canyon profond est très connu. / Le profond Grand Canyon est très connu. / Le Grand Canyon est très connu et profond.
e. Une personne forte n'a pas toujours beaucoup de muscles. / Une personne n'a pas toujours beaucoup de muscles forts.

4. Très et beaucoup

a. J'ai très faim
b. Pierre doit lire beaucoup.
c. Manuel passe beaucoup trop de temps à l'ordinateur.
d. Les nouveaux films au cinéma me plaisent beaucoup.
e. Nous allons très souven à la piscine
f. Elian marche toujours très vite.
g. Fanny fait très rarement ses devoirs.
h. Si je vais à la Coop, j'achète toujours beaucoup.

5. Traduction – très et beaucoup

a. Après le premier jour d'école, le jeune prof se pose **beaucoup de*** questions et pense à / réfléchit à / sur sa nouvelle classe : les nouveaux élèves paraissent / semblent **très** agréables. Ils me plaisent **beaucoup**. S'ils restent **aussi / si** gentils / s'ils continuent à être **aussi / si** gentils, nous nous amuserons **beaucoup.**

* Le jeune prof se pose **beaucoup de** questions → Il s'agit ici d'une quantité définie (viele Fragen); voir grammaire passage *« de » sans article*, p. 79.

b. Les élèves réfléchissent aussi et comparent leur nouveau prof / professeur avec l'ancien professeur: Notre nouveau professeur est **extrêmement / extraordinairement / absolument / totalement** sympathique. **Très** souvent, l'ancien professeur est devenu / s'est

Adjectif et adverbe : L'adverbe

montré **très** méchant. Nous le trouvions très souvent **assez / vraiment** agressif. Ceci nous a **régulièrement** surpris **fortement / beaucoup**.

c. Sembler : Il semble jeune.
Paraître : Les élèves paraissent sympathiques.
Devenir : Elle est devenue triste.
Trouver : Nous le trouvons arrogant.
Rester : Le prof reste calme.

d.

	TRÈS	BEAUCOUP
Exemples :	Il est **très** gentil. = Er ist **sehr** nett.	Je m'amuse **beaucoup**. = Ich amüsiere mich **sehr**.
Usage :	**Très** se réfère à un adjectif. Ex : Sandra est **très** cultivée. Philippe paraît **très** amusant. Le film semble **très** triste. **Très** est aussi utilisé avec un adverbe. Ex : **très** souvent **très** vite **très** rapidement	**Beaucoup** est utilisé avec un verbe. Ex : Elle aime **beaucoup** le rap. Anna chante **beaucoup**. Janic a mangé **beaucoup**.

6. La 1A à Colmar – adjectif ou adverbe

Plusieurs variantes sont possibles. Regardez bien les chiffres.

La 1. belle prof a proposé à la 1A de faire une 1. belle excursion à Colmar où ils pouvaient visiter 2. longuement la ville et découvrir 2. longuement les cinq marchés de Noël 3. partout en ville.
En décembre, la 1A est partie 4. tôt en train. Arrivés 4. tôt à Colmar, ils ont dû faire de[1] 5. petites interviews en français avec des habitants. Melis avait 6. très peur et était 7. assez pessimiste à l'idée de trouver des personnes 8. sympathiques. Il y avait ~~des~~ 9. énormément de[2] personnes au marché, mais quelques-unes préféraient se promener 10. lentement et regarder 11. attentivement les 12. jolis étals qui étaient décorés 12. joliment. Mais après avoir demandé 13. poliment à plusieurs passants, 14. finalement tous les élèves ont 14. finalement pu faire leurs interviews avec des Français.
Après, la classe a fait une visite guidée 15. intéressante de la ville 15. intéressante, mais quelques élèves avaient froid. Par conséquent, tous sont allés manger une tarte flambée 16. typique.

Ensuite, 17. beaucoup d'¹ élèves sont partis acheter 17. beaucoup de² ~~des~~ cadeaux pour Noël. À la fin de la journée, tous sont allés patiner 18. élégamment à la 19. petite patinoire qui se trouve sur la 19. petite place Rapp.

En plus, on a fait 20. assez de photos pour garder 20. assez de 21. bons souvenirs de cette journée scolaire 22. différente.

¹ L'article indéfini *des* devient *de* devant un adjectif ; voir grammaire p. 42, boîte grise.

² beaucoup de = quantité définie (viele Schüler) ; ; voir grammaire passage *« de » sans article,* p. 79.

7. B. B. King – adjectif ou adverbe

A. Introduction

B. B. King est surnommé généralement « the king of blues », le roi du blues. Évidemment, ce n'était pas son vrai nom. Le « B. B. » provient d'une version courte de « Boy from Beale Street, Blues Boy » ou simplement « Blues Boy » et « King » correspond d'une part à son propre nom et de l'autre à son génie musical. Riley Benjamin King est né en 1925 dans le Mississippi aux États-Unis lorsque les noirs étaient encore terriblement exploités malgré l'abolition de l'esclavage.

B. B. King a, lui aussi, travaillé dur (expression fixe : travailler dur) dans une plantation de coton.

B. Le blues, le type de musique

B. B. King a dit à propos de sa musique : « It's all about the feeling. » Cela veut dire que la chose principale, selon lui, est l'émotion qu'on transmet. Le blues parle de la souffrance des Noirs exploités. Le blues est né de la condition misérable des travailleurs des plantations. Uniquement en travaillant, il était possible et permis de chanter.

Quotidiennement, ils travaillaient du « can » au « can't », ce qui veut dire du lever du soleil, lorsqu'on pouvait voir, jusqu'au coucher du soleil où on ne pouvait plus voir et, par conséquent, plus travailler. Les Noirs travaillaient six jours par semaine, B. B. King lui-même avait commencé déjà à l'âge de 7 ans. Il a calculé qu'habituellement, ils marchaient 48 miles par jour avec l'âne qui trainait la charrue. D'après B. B., pendant les dix-huit ans qu'il avait travaillé aux plantations, il aurait fait le tour du monde entier à pied.

Ce qui a compliqué la situation délicate des Noirs, c'était l'oppression de la part des Blancs. Le Ku-Klux-Klan violent était né dans la région où avait grandi B. B. Les Noirs avaient très peu de droits, ils avaient l'obligation de bien travailler et d'obéir aux Blancs. B. B. a décrit la situation ainsi : « Kill a nigger, hire another one. » Donc, la situation dans laquelle vivait B. B. laissait peu de bonnes possibilités aux Noirs.

Ceci nous permet de mieux comprendre (mieux) pourquoi le blues, chant de la souffrance, est né. B. B. lui-même a affirmé : « I sing the blues, because I lived it. » Il chante le blues, parce que cela correspond à sa vie et à ce qu'il a vécu.

Parmi les religieux, le blues était pourtant considéré comme la « musique du diable » puisqu'on ne chantait pas à propos de Dieu, mais à propos du sort personnel des Noirs.

C. La jeunesse de B. B. King

Comme déjà mentionné préalablement, Riley B. King, alias B. B. King, est né dans une plantation. Il habitait avec ses parents dans une petite maison en bois à l'intérieur de laquelle il pleuvait. À partir de 7 ans, il a commencé à cultiver le coton.
Ses parents se sont séparés, ensuite la mère de B. B. est morte. Il a alors vécu chez sa vieille grand-mère qui est également décédée peu après. À l'âge de 14 ans, B. B. s'est retrouvé totalement seul. Il a même réglé les dettes énormes de 40 dollars de sa grand-mère malgré son petit salaire mensuel de 15 dollars.

En 1941, lorsque B. B. avait 16 ans, son patron Cartridge, qui était une bonne personne, lui a acheté sa première guitare qui coûtait 15 dollars et B. B. les lui a remboursés.

Plus tard, B. B. a travaillé dans la plantation de M. Johnson Barrett où B. B. a appris à conduire un tracteur, il s'est marié avec sa première femme et il a chanté dans différents quartets comme les Saint John Gospel Singers. B. B. attendait toujours impatiemment les samedis pour aller chanter en ville. Tous les Noirs se réunissaient dans la Church Street à Indianola pour se divertir une fois par semaine.

Un jour, B. B. a causé un accident avec le tracteur et, poussé par une peur terrible, il s'est enfui jusqu'à Memphis. C'est là qu'il a rencontré beaucoup d'autres musiciens, entre autres Bukka White. Bukka White jouait de la guitare avec des « slides » au doigt.
B. B. n'a jamais réussi à jouer correctement avec le « slide » et pour cela, il a commencé à jouer avec un « vibrato » qui est devenu son son spécial.
Après huit mois à Memphis, il a appelé finalement sa femme et est retourné chez son chef à qui il a payé les dommages du tracteur. Il s'est dit qu'il retournerait à Memphis, mais la deuxième fois, il le ferait correctement.

D. Le succès

Après être retourné à Memphis, il a été payé pour la première fois pour faire de la musique. Il a écrit un « jingle » et il est devenu un DJ populaire à la radio Sixteenth Avenue Grill. C'est à ce moment-là qu'il a commencé à se faire appeler « Boy from Beale Street, Blues Boy ». D'ailleurs, il a publié sa première chanson intitulée « Martha King » pour honorer sa femme. En 1952, la chanson suivante « 3 O'Clock Blues » a connu un succès immense. Il a commencé alors à faire des tournées avec la B. B. King Band dans son bus légendaire. Il voyageait 365 jours par an, ce que sa seconde femme acceptait difficilement. En plus, B. B. n'avait pas le droit de loger dans un hôtel « normal », il devait séjourner dans des hôtels pour Noirs. Une nuit, il a de peu échappé à la mort, car dans le même hôtel dormait également Martin Luther King, l'activiste non-violent pour les droits civiques des Noirs. Une bombe a explosé entre les chambres de B. B. King et Martin Luther King, mais heureusement personne n'a été blessé.

En cette époque, tout ce que B. B. faisait était couronné de succès. Enfin B. B. ne jouait plus uniquement dans des endroits pour Noirs, mais également pour les Blancs.

Jusqu'à un grand âge, B. B. jouait et chantait. En 1997, B. B. King a rencontré le pape Jean-Paul II auquel il a offert sa guitare. Le pape l'a remercié et il ne l'a appelé ni monsieur King ni Riley, mais amicalement « B. B. », ce qui a touché l'artiste.
Âgé de 80 ans, il a commencé sa dernière tournée européenne, la tournée d'adieu.

En 2015, B. B. King est mort après avoir été classé le 3e meilleur guitariste de tous les temps en 2003, avoir reçu une médaille présidentielle de la Liberté de George W. Bush en 2006 et avoir gagné au total 15 grammys.
Jusqu'à la fin, son but était de toucher les gens et de les faire sourire.

Le comparatif et le superlatif

1. Les quatre types de comparatifs

A. Comparatif avec les adjectifs

a. + Les femmes sont plus *indépendantes* qu'il y a 100 ans.
b. − L'appartement de Joëlle est moins *grand* que celui de Fabienne.
c. = Tobias et Andreas sont aussi *musicaux* l'un que l'autre.
d. + Selon moi, les chiens sont plus *affectueux* que les chats.
e. − Pascal est moins *aventureux* que Yanis.
f. = Les enfants de Sibylle sont aussi *âgés* que ceux de Nayla.

B. Comparatif avec les adverbes

a. + Axel court plus *rapidement* que son entraîneur.
b. − Le billet de train coûte moins *cher* que l'essence pour la voiture.
c. = Parfois, les êtres humains traitent encore d'autres personnes *de manière* aussi *inhumaine* que pendant le Moyen Âge ou pendant le colonialisme.
d. + La batterie de mon téléphone dure plus *longtemps* que celle de mon ordinateur portable.
e. − L'équipe suisse gagne moins *souvent* au foot que l'équipe brésilienne.
f. = Raphael parle aussi *couramment* l'anglais que l'italien.

C. Comparatif avec les verbes

a. + Silviane *lit* plus que toute autre personne que je connais.
b. − Les personnes âgées *dorment* moins que les jeunes.
c. = Pendant toute la comédie musicale, Sacha *danse* autant qu'il chante sur scène.
d. + Généralement, les femmes *parlent* plus que les hommes.
e. − Jeanne *aime* moins lire qu'écrire.
f. = Il me semble parfois qu'Olivier *voit* aussi bien qu'un aigle.

D. Comparatif avec les substantifs

a. + Nola fait plus de *sport* que son petit ami.
b. − Mia regarde moins de *télé* que de* *films*.
c. = Gabriel a autant de *talent* que Marius.
d. + Camille a 56 animaux. Elle a plus d'*animaux* que d'* amis.
e. − À Berne, il y a moins de *touristes* qu'à Paris.
f. = Léo achète autant de *vêtements* que sa femme.

* On compare les deux objets de la phrase (ex : télé et films / animaux et amis) et pas le sujet avec une autre chose (ex : Nola et son petit ami / Berne et Paris / Léo et sa femme).

Adjectif et adverbe : Le comparatif et le superlatif

2. Le superlatif

a. Élisabeth, Marguerite et Adélaïde habitent à la maison de retraite. Toutes les trois sont très âgées, mais Marguerite est la plus vieille des trois.
b. Le chef de cuisine semble être amoureux. Il a mis trop de sel partout, au poulet, aux légumes et au riz. Ce qui est le moins salé est la soupe.
 (On n'accorde pas *salé* à soupe, parce que *salé* se réfère à *ce qui*.)
c. Justin Bieber, Justin Timberlake et Ed Sheeran dansent tous assez bien, mais Justin Timberlake danse le mieux. (mieux = adverbe ; meilleur = adjectif)
d. Les parents de Julie et d'Ellen ne sont pas très sévères, mais les parents de Nora sont les moins sévères.
e. Lionel Messi, Cristiano Ronaldo et Neymar sont les meilleurs footballeurs, mais Lionel Mess est celui parmi les trois qui court le plus rapidement / le plus vite, selon mes amis.
f. Mes meilleures amies Sandra et Simone ne savent pas bien dessiner. Mais c'est moi qui dessine le plus mal / le moins bien. (mal = adverbe ; mauvais = adjectif / pire = adjectif)
g. À la ferme de mon oncle, il y beaucoup de petits animaux, ils sont tous des nouveau-nés. J'adore tous les chiens, les chats, les lapins et les petits veaux. Mais les plus mignons sont les petits chevaux qui ne savent pas encore bien utiliser leurs jambes. (*sucré* est utilisé pour la nourriture.)
h. L'été dernier, entre amis, nous avons fait une compétition de sauts dans la mer depuis des rochers. Nous avons ri le plus du saut d'André parce qu'il a sauté le moins élégamment.
i. Des treize bébés nés hier à l'hôpital de Bâle, le petit Nicolas était le moins lourd de tous avec ses 2850 grammes.

3. Des personnes bien différentes

Beaucoup de solutions sont possibles. Voici quelques exemples :

Comparatif :
Chantal écrit mieux que Xavier.
Xavier travaille plus que Chantal et Manuel.
Chantal est moins sympathique que les deux autres.
Xavier fait plus de fautes que Manuel.
Manuel interviewe mieux que Chantal.
Manuel a moins de hobbys que Chantal.
Xavier a autant d'expérience que Manuel.
Manuel travaille moins précisément que Chantal.
Xavier est aussi sympathique que Manuel.
Etc.

Superlatif :
Manuel est le plus intelligent des trois.
Xavier travaille le plus.
Manuel arrive le plus tard au travail.
Manuel est le plus créatif.

Xavier a le moins de hobbys.
Chantal a le plus d'expérience.
Manuel fait le moins de fautes de formatage.
Chantal écrit le mieux.
Etc.

4. Le tour du monde

A. L'histoire du tour du monde

Le livre qui a inspiré le plus de personnes à faire un tour du monde est le livre *Le tour du monde en 80 jours* écrit par Jules Verne. Ce n'est pas le livre le plus lu de la littérature française, mais c'est un livre dont on a fait plus de films que de d'autres livres. Il y a un film animé qui dure 47 minutes et qui est moins long que les deux films d'Hollywood. Celui de 2004 avec Jackie Chan est moins (plus*) proche du livre que celui de 1989 avec Pierce Brosnan et Peter Ustinov.

L'histoire des tours du monde est vieille. La première personne qui a fait le tour en bateau était le Portugais Ferdinand Magellan. Cinq bateaux sont partis avec deux cent quarante-quatre personnes en 1519. Après deux ans, onze mois et deux semaines, un seul bateau est retourné avec uniquement dix-huit survivants. Malgré les pertes, le premier tour du monde avait été fait ! Beaucoup d'expéditeurs ont suivi l'exemple de Magellan, avec moins de (plus de*) pertes et en employant parfois autant de temps ou parfois moins de temps.

C'est effectivement avec le roman de Jules Verne *Le tour du monde en 80 jours*, publié en 1872, que la volonté de voyager est devenue encore plus (moins*) en vogue. Depuis, les aventuriers ont essayé de faire le tour du monde de différentes manières.
En 1884 par exemple, le journaliste Thomas Stevens a fait le tour du monde à vélo. Il a voyagé moins (plus* / aussi*) rapidement que ceux en voiture ou en avion. Mais il avait été quand même plus (moins* / aussi*) rapide que celui qui a fait le tour du monde à pied. Vous direz peut-être que c'est la personne la plus folle qui existe. Le Canadien Jean Béliveau a exécuté le moins rapidement son tour du monde.
Le tour du monde le plus rapide a été fait par un avion Concorde en 1995 en seulement 31,5 heures. Cet avion volait le plus rapidement possible sans être une fusée : à 1405 km/h.

Le vol le plus loin ou, en d'autres termes, la distance la plus longue avait été effectuée par Bertrand Piccard dans un ballon en 1999. Il a parcouru 45 755 kilomètres, ce sont plus de (moins de*) kilomètres que les autres tours du monde. D'ailleurs, en 2016, le Suisse a également effectué le dernier tour du monde en l'air. Il l'a fait dans son avion solaire *Solar Impulse 2*.

* Ces solutions sont grammaticalement également correctes, mais pas pour le contenu.

B. Les durées

Solutions individuelles.
Exemple :
À pied, il faut plus de temps qu'en voiture.
À vélo, on voyage moins rapidement qu'en ballon.
Jean Béliveau a voyagé le plus lentement. / C'est Jean Béliveau qui a été le plus lent.
Thomas Stevens avançait plus chaque jour que Jean Béliveau.
Jean Béliveau a fait le tour du monde le moins rapide.
Il faut plus de jours en bateau pour faire le tour du monde qu'en voiture.
Il y a plus d'hommes qui ont fait le tour du monde que de femmes.
À vélo, Thomas Stevens était plus actif que Clärenore Stinnes et Carl-Axel Söderström en voiture.
Le bateau est moins rapide que la voiture.
L'avion est plus rapide que le vélo.
Etc.

Varia

Tout

1. Toutes sortes de variantes de « tout »

a. Presque toutes les personnes aiment le chocolat.
b. Mon ami a de petits chats qui sont tout mignons.
c. Tout l'été, je serai au Maroc.
d. Ivan connaît la capitale de tous les pays.
e. Ma femme adore toute la famille. Elle invite toujours tous ses frères et sœurs, toutes ses tantes et tous ses oncles. Bref, elle aime tout le monde.
f. Tout change et tous changent. Rien ne reste pareil.
g. J'ai fait tout ce que tu m'as demandé de faire.
h. Notre chien est tout nerveux si nous partons en voyage. Il n'aime pas du tout voyager.
i. Lequel des deux chanteurs est-ce que tu aimes le plus ? – J'aime tous les deux.
j. Les stéréotypes regroupent toutes les femmes et tous les hommes, mais en réalité, nous sommes tous très différents. Il faudrait être tout content de nos différences et les apprécier toutes.

2. Traduction

a. Milo veut tout essayer.
b. Elena est toute motivée.
c. Tout coûte quelque chose. Toutes les activités, tous les objets, toute la nourriture.
d. Anja et Lydia regardent tous les films au cinéma.
e. Tous les jours, Devrim et Gero font du sport.
f. Tous veulent toujours le meilleur pour eux-mêmes. (eux-mêmes : pronom tonique ; voir grammaire p. 62)
g. Le bébé est tout mignon et tout petit.
h. Tous m'ont félicité(e) pour la maturité.
i. J'ai mangé toute la fondue tout seul / toute seule avec tous les morceaux de pain. Maintenant je suis tout rassasié / toute rassasiée.
j. Marianne est vraiment égoïste. Elle a mangé tout / Elle a tout mangé. – Quoi ?? Elle a mangé tous les spaghettis ? – Oui, tous. Et également / aussi tout le nutella.

Pays et villes

1. Comme c'est beau de voyager

a. Cet été, nous irons en Amérique du Sud, plus précisément au Brésil, au Pérou et en Bolivie.
b. Je vais d'abord à San Francisco, en Amérique. – Tu dois être plus précis, ce n'est pas l'Amérique. Tu vas aux États-Unis.
c. Ma meilleure amie est née à Istanbul, en Turquie.
d. Je passe mes vacances au bord de la mer en Bretagne.

Varia : Pays et villes

e. J'aimerais voyager au Maroc et faire un tour à travers le désert à dos de chameau.
f. En Inde, on peut découvrir des palais extraordinaires. À Agra, par exemple, on peut visiter le Taj Mahal.
g. Est-ce que tu savais qu'à Cuba, il y a énormément de vieilles voitures des années 1950, à cause d'un embargo.
h. Le volcan Etna se trouve en Sicile. Sur l'Etna, on peut skier et voir la mer en même temps.
i. Avec mon copain, je suis allée en Corse où est né Napoléon Bonaparte. Plus précisément, il est né à Ajaccio, la capitale de la Corse, qui compte environ 68 500 habitants.
j. À côté du Kremlin, à Moscou, en Russie, se trouve le fameux Théâtre Bolchoï. Il s'agit du meilleur ballet au monde, d'après ce qu'on dit.
k. Le Mont-Saint-Michel, situé en Normandie, est un patrimoine mondial de l'UNESCO. Selon la marée, on peut rejoindre l'île à pied ou y accéder par bateau ou via un pont.
l. À la Rochelle, chaque année, a lieu la fête du port. Jusqu'au XVe siècle, ce port était le plus grand de tout l'Atlantique.

2. Pays, peuples, langues et traditions

a. + 7   En Thaïlande, il ne faut jamais toucher la tête d'une autre personne.
b. + 5   En Islande, les habitants mangent du requin fermenté.
c. + 8   Au Japon, il faut porter un maillot de bain imperméable si on va à la piscine.
d. + 6   En Irlande, lors du St. Patrick's Day, tout le monde s'habille en vert pour fêter le saint patron du pays.
e. + 9   En Italie, à Rome, lorsque McDonald's a ouvert le premier restaurant, des manifestants ont distribué des assiettes de pâtes aux gens.
f. + 2   En Suède, on fête la nuit de Walpurgis, appelée « Valborgsmässafton », pour célébrer la fin de l'hiver.
g. + 1   Aux Pays-Bas, on porte des « Klompen », des chaussures en bois.
h. + 4   Au Portugal, on nage dans la mer le jour du nouvel an – cela porte chance.
i. + 3   Au Soudan, il y a 154 pyramides, comme en Égypte, et personne ne le sait.
j. + 10   À New York, on se trouve plus au sud que dans la capitale italienne.

3. Connaissez-vous toutes les capitales des pays ?

a. Ouagadougou est la capitale du Burkina Faso (m.).
b. Yamoussoukro est la capitale de la Côte d'Ivoire (f.).
c. Suva est la capitale des îles Fidji (f. pl.).
d. Tiflis est la capitale de la Géorgie (f.).
e. Tegucigalpa est la capitale du Honduras (m.).
f. Tarawa-Sud est la capitale de la république des Kiribati (f.).
g. Moroni est la capitale des Comores (f. pl.).
h. Antananarivo est la capitale du Madagascar (m.).
i. Majuro est la capitale des îles Marshall (f. pl.).
j. Nouagchott est la capitale de la Mauritanie (f.).
k. Dili est la capitale du Timor oriental (m.).
l. Riyad est la capitale de l'Arabie Saoudite (f.).
m. Funafuti est la capitale des Tuvalu (m. pl.).
n. Abu Dhabi est la capitale des Émirats arabes unis (m. pl.).

4. La langue française dans le monde

a. Il y a beaucoup de pays où / dans lesquels on parle le français / le français est parlé. On le parle en Suisse, en France, au Québec au Canada et dans plusieurs pays africains. Est-ce que tu savais / Savais-tu qu'on parle (également / aussi) le français au Sénégal et au Cameroun également / aussi ?
En réalité, 274 millions de personnes parlent le français dans le monde / sur terre. C'est la langue maternelle de 76 millions de personnes. La langue française est considérée comme (une) langue mondiale parce qu' / puisqu'elle est parlée sur tous les continents.

b. Le français est une langue nationale dans vingt-neuf pays. Incroyable, non / n'est-ce pas ?
Tout le monde sait que / tous savent que les Belges, les Marocains et les Canadiens parlent le français. Mais est-ce que tu savais que / savais-tu qu'il est parlé aussi à l'île Maurice*, aux États-Unis ou au Mali ? Même dans notre pays voisin, en Italie, quelques Italiens parlent cette langue romane.

   * expression fixe: on parle de « l'île Maurice ».

c. Le français est encore aujourd'hui / est aujourd'hui toujours la deuxième langue de la diplomatie / la deuxième langue diplomatique. D'ailleurs / En plus, il est, avec l'anglais, la langue de travail de l'Organisation des Nations unies. L'Organisation des Nations unies (= ONU) a / connaît six langues officielles : l'anglais, le français, l'arabe, le chinois, l'espagnol et le russe. Uniquement / Seulement l'anglais et le français sont cependant / pourtant des langues de travail. Évidemment / Naturellement le français est également / aussi une / l'une des langues officielles de l'Union européenne (= UE).

Expressions de quantité

1. Les images disent plus que 100 mots

a.
Elles ont beaucoup de muscles.
Elles ont trop de muscles.
Elles ont énormément de muscles.

b.
Il porte assez de tatouages.

c.
Il y a quelques touristes.

d.
J'ai mangé trop de pralinés.

e.
La plupart des Suisses parlent l'allemand.
La majorité des Suisses parlent l'allemand.
Une grande partie des Suisses parlent l'allemand.

f.
J'ai besoin de 500 grammes de farine.
J'ai besoin d'un demi-kilo de farine.

g.
Il n'y a pas d'eau potable du robinet.

h.
Nous ne faisons pas de sports d'équipe.

Varia : Expressions de quantité

2. Invitation à dîner

Alice a invité quelques amis. Elle ne sait pas très bien cuisiner, mais elle veut préparer un bon menu. La plupart des plats qu'Alice veut préparer sont faciles, parce qu'Alice ne sait pas très bien cuisiner. Pour l'apéritif, Alice a acheté des légumes et du houmous (m.). Elle ne propose pas de carottes, parce que son amie Chantal n'aime pas les carottes, même si la majorité des personnes les aime. Elle pense aux ingrédients pour le plat principal. Il faut de la bonne viande, du miel pour la marinade, des nouilles, une douzaine de noix et pas mal de beurre. Elle a peur de ne pas avoir assez de noix qu'elle veut caraméliser et mélanger avec le miel. Pour le dessert, elle a acheté trois tablettes de chocolat noir et de la poudre de coco. Avec le chocolat et le coco, elle veut préparer six — petites tartes. Une mini-tarte pour chaque invité.

Heureusement, Pierre, qui est connaisseur de vins, apportera deux bouteilles de vin blanc et aussi des cannettes de bière pour les personnes qui préfèrent la bière.

Peu de temps avant l'arrivée des amis, Alice a tout préparé. Elle se repose un peu et pense : « Pour préparer un bon menu, il faut du courage, de la discipline, des idées et aussi de la chance pour que tout réussisse bien. »

3. Traduction

a. Pendant les vacances, j'ai fait / j'ai pris des photos de quelques maisons. J'ai fait la plupart des photos / la plupart de ces photos en Corse.

b. Pour mon gâteau au chocolat, j'ai besoin de trois œufs, de lait, d'un demi-kilo de chocolat et d'un peu de sucre. /
Pour mon gâteau au chocolat, il me faut trois œufs, du lait, un demi-kilo de chocolat et un peu de sucre. (avoir besoin de ; il me faut qc)
Et on a également / aussi besoin de patience que je n'ai pas toujours.

c. Madeleine est une petite diva, elle veut toujours tout et tout de suite.
Elle veut de l'attention, pas de stress, un million de « likes » sur Facebook, beaucoup d'amis autour d'elle et des Snickers contre la faim.
Il faut vraiment de la patience pour la supporter.

4. Ma valise est trop petite…

Joy et sa copine Delia partent en voyage et doivent préparer leurs bagages. Comme d'habitude, Joy a vite fini sa valise, mais Delia veut emporter beaucoup trop de choses. Avec elle, il faut de la patience et du temps.
Elle prépare des / les[1] vêtements pour chaque occasion : pour le mauvais temps, pour le beau temps, contre la pluie, une / la[1] belle jupe pour sortir le soir, quatre paires de chaussures et un tas d'autres choses.
Joy n'a presque plus de patience car il veut que Delia finisse vite ses préparatifs.

Delia argumente qu'au moins elle sera prête pour toutes les occasions. « Il me faut aussi des / les[1] médicaments contre le mal de voyage et des affaires de camping comme une / la[1] lampe frontale, une / la[1] moustiquaire (f.) et un / le[1] coussin gonflable.

Joy s'énerve et dit à voix haute : « Mais nous ne faisons pas de camping !!! Tu n'auras jamais besoin de toutes ces choses. Tu remplis ta valise avec énormément de trucs (= Sachen) dont tu ne te serviras pas. » Et Delia lui jette un regard plein de rage et répond : « Et toi, tu dois toujours acheter des vêtements. L'année dernière, nous sommes allés à la mer et tu n'avais emporté ni de / le[2] / X[3] costume de bain ni de / les[2] / X[3] lunettes de soleil. » – « Mais la plupart des éléments que tu mets dans ta valise sont superflus. » – « Certes, Joy, comme le passeport que tu as oublié il y a deux ans. »

Joy demande : « Combien est-ce que ta valise pèse ? » – « Ce sont 28 kilos de vêtements et d'équipement. » – « Mais tu n'as le droit d'emporter que 22 kilos de bagages. » – « Mais puisque ta valise ne pèse que 10 kilos, je peux mettre la majorité des éléments lourds dans la tienne. » – « Et moi, je dois porter une grande partie des objets inutiles et superflus. » Delia éclate de rire, embrasse Joy et lui dit en souriant : « C'est pour cela que je t'emmène en vacances avec moi, mon cher. »

Joy respire profondément et dit : « Avec les femmes, il faut de l'humour. »

[1] Mettez l'article indéfini *un, une, des* si vous parlez d'une jupe quelconque, mais mettez l'article défini *le, la, les* si vous parlez d'une jupe particulière.

[2] D'habitude, on met la préposition *de* comme après la négation *pas de*. Vous pouvez mettre l'article défini si vous vous référez à un objet précis.

[3] Dans ce cas, vous pourriez également écrire : emporté ni costume de bain ni lunettes.

Les questions

1. Les trois variantes de la question

Code parlé	Est-ce que	Inversion
Tu veux une glace ?	Est-ce que tu veux une glace ?	Veux-tu une glace ?
Vous voulez dîner au restaurant ?	Est-ce que vous voulez dîner au restaurant ?	Voulez-vous dîner au restaurant ?
Tu aimes la fondue ?	Est-ce que tu aimes la fondue ?	Aimes-tu la fondue ?
Tu veux venir au cinéma ce soir ?	Est-ce que tu veux venir au cinéma ce soir ?	Veux-tu venir au cinéma ce soir ?
Vous désirez autre chose ?	Est-ce que vous désirez autre chose ?	Désirez-vous autre chose ?
Tu fais quoi ?	Qu'est-ce que tu fais ?[1]	Que fais-tu ?[1]

p. 196

Varia : Les questions

Tu as déjà mangé ?	Est-ce que tu as déjà mangé ?	As-tu déjà mangé ?
Pierre est allé à l'entraînement ?	Est-ce que Pierre est allé à l'entraînement ?	Pierre est-il allé à l'entraînement ?[2] / Est-il allé à l'entraînement ?[2]
Tu pars où en voyage ?	Où est-ce que tu pars en voyage ?	Où pars-tu en voyage ?
Tu arrêtes de travailler quand ce soir ? / Tu arrêtes quand de travailler ce soir ?	Quand est-ce que tu arrêtes de travailler ce soir ?	Quand arrêtes-tu de travailler ce soir ?
Pourquoi tu rentres si tôt ?	Pourquoi est-ce que tu rentres si tôt ?	Pourquoi rentres-tu si tôt ?
Tu cherches qui ?	Qui est-ce que tu cherches ?	Qui cherches-tu ?
Vous lisez quoi ?	Qu'est-ce que vous lisez ?[1]	Que lisez-vous ?[1]

[1] Le *que* veut dire *was* en allemand. Au code parlé, on peut utiliser *quoi*.

[2] L'inversion ne peut pas être faite avec un nom ou un objet seul. On ne peut donc pas écrire : « A-Pierre faim ? » ou « Brille-le soleil ? ». Il est nécessaire d'écrire le pronom *il* ou *elle* afin de faire une inversion : « Pierre a-t-il faim ? » ou « Le soleil brille-t-il ? »

2. Quel ou lequel ?

a. Quel est votre niveau de français ?
b. Quels nouveaux vêtements est-ce que tu as achetés aujourd'hui ?
c. S'il te plaît, passe-moi le fromage. – Lequel ? Le fromage de chèvre ou le brie ?
d. Quelles sont les villes que tu voudrais encore visiter ?
e. Lequel des trois pilotes pilotera notre avion ?
f. Est-ce que tu m'accompagnes pour mes sorties d'escalade ? – Lesquelles ? Celles en montagne en Valais ou celles dans des centres d'escalade à l'intérieur ?
g. Quel type de ski est-ce que tu as choisi pour cette saison ?
h. Lequel / Lesquels des vins rouges est-ce tu aimes boire ?
i. Quels muscles sont les plus difficiles à entraîner ?
j. Il y a deux chambres d'hôtel différentes. Tu préfères laquelle* ?
k. Est-ce que tu me prêtes une de tes tentes pour le week-end ? – Quelle tente ? – Celle pour deux personnes.
l. Quels noms avez-vous deux choisi pour votre bébé ? – Nous en avons choisi deux. – Lesquels ?
m. J'ai gagné un prix pour la photo que j'ai prise. – Pour laquelle ? – La photo que j'ai faite des rochers et de la mer. – Et quel prix as-tu gagné ?

* C'est le code parlé. À l'écrit, il faudrait écrire l'une des deux variantes suivantes : « Laquelle est-ce que tu préfères ? » ou « Laquelle préfères-tu ? »

3. Une question à la réponse

Plusieurs solutions sont possibles :

a. Quand est-ce que tu pars ?
   Quand pars-tu ?
   À quelle heure est-ce que tu pars ?
   À quelle heure pars-tu ?

b. Quel est ton film préféré ?

c. Quelles photos est-ce que tu veux voir ?
   Quelles images veux-tu regarder ?

d. Quel gâteau est-ce que tu aimerais manger ?
   Quel gâteau aimerais-tu manger ?
   Lequel des deux gâteaux est-ce que tu aimerais manger ?
   Lequel des deux gâteaux aimerais-tu manger ?
   Qu'est-ce que tu aimerais manger ?
   Qu'aimerais-tu manger ?

e. Pourquoi est-ce que vous riez ?
   Pourquoi riez-vous ?

f. Qui est-ce qui viendra à la fête ?
   Qui viendra à la fête ?

g. Qui est-ce que tu as invité au concert ?
   Qui as-tu invité au concert ?
   Qui est-ce que vous avez invité au concert ?
   Qui avez-vous invité au concert ?

h. Qu'est-ce que vous avez ramené des vacances ?
   Qu'avez-vous ramené des vacances ?

i. Quel pull est-ce que tu as acheté ?
   Quel pull as-tu acheté ?
   Lequel des trois pulls est-ce que tu as acheté ?
   Lequel des trois pulls as-tu acheté ?

4. Les questions incomplètes

a. Quel film est-ce que tu veux aller voir au cinéma ? – Celui avec beaucoup d'action. – Lequel ? Il y en a deux.
b. Qui / Qui est-ce qui t'accompagne à l'aéroport quand tu pars pour ton tour du monde ?
c. Qu'est-ce qui te rend aussi furieux ? C'est quelle application du téléphone qui ne fonctionne pas ?

Varia : La négation

d. Quand est-ce que tu rentres de ta course d'école ? Et où est-ce que vous allez, en France ou en Belgique ?
e. Est-ce que tu as envie d'aller au Larry's Bar ce soir ?
f. Laquelle des trois chansons est-ce que tu aimes jouer le plus avec ta guitare électrique ?
g. Valeria adore les montagnes. – Lesquelles ? – Toutes !
h. Combien de temps passes-tu / est-ce que tu passes devant l'ordinateur à l'école ? Et dans quelles matières scolaires ?
i. Cet après-midi, je vais au zoo pour voir des animaux. – Lesquels ? – J'aimerais surtout aller voir les singes et les pingouins.

La négation

1. Quel désordre

a. Il n'a rien mangé à midi.
b. Je ne parlerai plus jamais avec elle.
c. Nous n'avons pas envie d'aller chercher notre oncle à la gare.
d. Je ne veux aller nulle part parce que je suis fatigué.
e. Personne n'a aidé cette vieille femme.
f. Rien ne lui cause des soucis.
g. Je n'ai gagné que 5 francs au loto.
h. Mon épaule ne me fait plus mal depuis hier.
i. Les enfants ne mangent ni épinards ni chou.
j. Je n'ai aucune motivation à me lever tôt.

2. La négation simple

Plusieurs solutions sont possibles :

a. Est-ce que tu sais **encore** tous les mots en suisse allemand ?
   – Non, je ne sais plus tous les mots en suisse allemand.
   Au téléphone avec ma famille, j'avais des difficultés à parler parfois.

b. Est-ce que tu as connu aussi **des personnes** antipathiques ?
   – Non, je n'ai connu aucune personne antipathique.
   – Non, personne n'était antipathique.
   – Non, je n'ai pas connu de personne(s) antipathique(s).
   – Non, je n'ai connu personne d'antipathique.

c. Est-ce que tu avais **parfois** le mal du pays ?
   – Non, je n'ai jamais eu le mal du pays. (passé composé, parce qu'elle est de retour)

d. Est-ce que tu es allée **à Banff ou à Calgary** ?
   – Non, je ne suis allée ni à Banff ni à Calgary.
   – Non, je ne suis allée nulle part.

e. Est-ce que tu as rêvé en allemand ?
   – Non, je n'ai rêvé qu'en anglais ou en français.

f. Est-ce que tu nous as apporté un souvenir ?
   – Non, excusez-moi, je n'ai rien apporté.
   – Non, excusez-moi, je ne vous ai rien apporté.
   – Non, excusez-moi, je n'ai apporté aucun souvenir.
   – Non, excusez-moi, je ne vous ai apporté aucun souvenir.

g. Est-ce que tu as très bien mangé ?
   – Non, je n'ai pas très bien mangé.
   – Non, je n'ai jamais très bien mangé.

h. Est-ce que tu es allée **en boîte** le soir ?
   – Non, je ne suis allée nulle part parce qu'il faut conduire la voiture et je n'en avais pas le droit.
   – Non, je ne suis pas allée en boîte parce qu'il faut conduire la voiture et je n'en avais pas le droit.

i. Est-ce que quelque chose du Canada t'énervait ?
   – Non, rien ne m'énervait, j'ai tout adoré.
   – Non, aucune chose ne m'énervait, j'ai tout adoré.

j. Est-ce que tu as fréquenté des cours de chimie et de physique à l'école ?
   – Non, tout le monde n'a fréquenté que quelques matières par semestre. J'ai choisi l'anglais, le français, le sport et un cours appelé « technologie ».
   – Non, tout le monde ne fréquente que quelques matières par semestre. J'ai choisi l'anglais, le français, le sport et un cours appelé « technologie ».
   – Non, tout le monde ne fréquentait que quelques matières par semestre. J'ai choisi l'anglais, le français, le sport et un cours appelé « technologie ».

3. Optimiste versus pessimiste

Un optimiste dit :	Un pessimiste dit :
La vie est difficile. Exemple : *La vie n'est pas difficile.*	La vie est belle. Exemple : *La vie n'est pas belle.*
Je dis <u>encore</u> de gros mots. Je ne dis jamais **de** gros mots. Je ne dis plus **de** gros mots. Je ne dis plus jamais **de** gros mots. (On n'écrit pas l'article *des* puisqu'il y a un adjectif ; voir grammaire p. 42, boîte grise)	Tout m'amuse. Rien ne m'amuse.
J'ai <u>toujours</u> sommeil. Je n'ai jamais sommeil.	Je sors <u>tous</u> les soirs. Je ne sors jamais. Je ne sors pas tous les soirs. Je ne sors aucun soir.

Je déteste les chiens et les chats.	J'aime les fruits et les légumes.
Je ne déteste ni (les) chiens ni (les) chats.	Je n'aime ni (les) fruits ni (les) légumes.
Tout me semble ennuyeux.	Chaque personne m'est sympathique.
Rien ne me semble ennuyeux.	Aucune personne ne m'est sympathique.
	Personne ne m'est sympathique.
Tout le monde m'énerve.	J'étudie encore pour toujours m'améliorer.
Personne ne m'énerve.	Je n'étudie plus pour (toujours) m'améliorer.
	Je n'étudie jamais pour (toujours) m'améliorer.
Je vois toutes les fautes des autres.	Je vois tous les aspects positifs du travail.
Je ne vois pas les fautes des autres.	Je ne vois aucun aspect positif du travail.
Je ne vois aucune faute des autres.	
(Attention : il faut mettre *fautes* au singulier après *aucun / aucune*)	
Tout va mal.	Je voyage partout pour découvrir quelque chose de nouveau.
Rien ne va mal.	Je ne voyage nulle part pour découvrir quelque chose de nouveau.
	Je ne voyage nulle part pour ne rien découvrir de nouveau.
Je vais partout tout seul.	J'ai beaucoup d'amis.
Je ne vais nulle part tout seul.	Je n'ai pas beaucoup d'amis.
	Je n'ai qu'un (seul) ami.
J'exige toujours de tout le monde ce qu'ils sont incapables de donner.	Je veux toujours tout.
Je n'exige jamais de personne ce qu'ils sont incapables de donner.	Je ne veux jamais rien.

4. Relions deux phrases à l'aide de l'infinitif

a. Mon père est triste de ne plus pouvoir faire de sport.
b. Les élèves regrettent de ne jamais avoir fait les devoirs.
c. Je suis fort triste de ne jamais aller nulle part le soir.
d. Bernadette est déçue de ne pas avoir obtenu le cadeau désiré.
e. Floriane est fâchée de n'avoir vu que la fin du film.
f. Daniel est désolé de n'aimer ni le hors-d'œuvre ni le plat principal.
g. Martin se sent coupable de ne jamais rien lire.
h. Je regrette de n'avoir invité personne lors de mon anniversaire.
i. Astrid est fière de ne jamais mentir.

5. Mon petit ami a beaucoup changé

a. Mon petit ami ne m'emmène plus (ni) au cinéma ni au concert.
b. Mon petit ami ne fait plus confiance à personne.
c. Personne ne le respecte puisqu'il ne sourit presque jamais.
d. Il ne gagne que 50 euros et il n'achète jamais rien à sa mère.
e. Rien ne lui plaît, il ne va nulle part avec ses potes.
f. Il ne fait presque plus de blagues parce qu'il n'y a plus aucun ami qui rit.
(plus de = quantité définie ; voir grammaire p. 78)

6. Négations simples et doubles – à traduire

A. Négations simples : traduisez les phrases suivantes.

a. Personne ne le regarde.
b. Je n'ai lu rien de nouveau.
   Je n'ai rien lu de nouveau.
c. Nous ne mangeons ni viande ni poisson.
d. Il ne veut plus voyager.
e. Mon père ne va nulle part.

B. Négations doubles : traduisez les phrases suivantes.

a. Il ne dit jamais rien.
b. Personne ne ment jamais.
c. Je ne mange plus rien ce soir.
d. Il n'y a plus aucun bonbon.
   Il n'y a plus de bonbons.
e. Il ne veut plus jamais rien entendre de négatif.
f. Il n'a plus personne, (il n'a plus) ni famille ni amis.
g. Personne ne s'occupe de rien.
h. Je ne regarde plus jamais aucun film d'Hollywood. (regarder = ansehen ; voir = sehen)

Le discours indirect

1. Une interview – le discours indirect au présent

a. Zaz explique qu'elle s'appelle Isabelle Geffroy, mais qu'elle a choisi le pseudonyme Zaz. Elle ajoute qu'Isabelle est sa personne privée et que Zaz est l'artiste.
b. Zaz affirme qu'elle est devenue connue en 2010 avec *Je veux*, mais qu'elle avait commencé par chanter dans les rues.
c. Zaz dit que dans la chanson *Je veux*, elle explique son rapport à l'argent. Elle croit que l'argent devrait être un moyen afin de réaliser des choses et des rêves, mais que ce ne sera jamais un but en soi pour elle*.
d. Zaz avoue que chaque fois avant d'aller sur scène elle dit à elle-même* de faire de son mieux et de chanter ce qu'elle sent.

Varia : Le discours indirect

e. Zaz dit qu'elle joue la batterie sur scène, mais qu'elle n'ose pas jouer l'accordéon ou la guitare. Elle constate que les deux instruments lui ont été utiles pour composer des chansons et qu'un jour peut-être, elle les apprendra mieux.
f. Zaz raconte qu'elle a un piercing dans le visage et un tatouage moins visible et qu'en tant qu'adolescente, elle a essayé de se faire toute seule un piercing au nombril. Elle raconte qu'elle a mis des glaçons sur son ventre et qu'elle a percé le nombril avec une aiguille. Elle constate que c'était une idée terrible. Elle conseille aux enfants de ne pas le faire !

* pronom tonique; voir grammaire p. 62.

2. Questions

Tim demande à Marion :	Tim demande…
« Qu'est-ce qui te fait plaisir ? »	… ce qui lui fait plaisir.
« Où est-ce que tu vas ce week-end ? »	… où elle va ce week-end.
« Qu'est-ce que tu aimes manger ? »	… ce qu'elle aime manger.
« Est-ce que tu étudies ? »	… si elle étudie.
« Qui est-ce qui te suit sur Instagram ? »	… qui la suit sur Instagram.
« Comment est-ce que tu vas à l'école ? »	… comment elle va à l'école.
« Qui est-ce que tu préfères ? Rihanna, Ariana Grande ou Katy Perry ? »	… qui elle préfère : Rihanna, Ariana Grande ou Katy Perry.
« Quel est ton sport préféré ? »	… quel est son sport préféré.
« Est-ce que tu as un animal domestique ? »	… si elle a un animal domestique.
« Quelle profession veux-tu faire plus tard ? »	… quelle profession elle veut faire plus tard.
« Qu'est-ce que tu fais après l'école ? »	… ce qu'elle fait après l'école.

3. Titeuf maudit – le discours indirect au présent

Image 1 : Titeuf affirme qu'il en a marre des groupes de deux. / Titeuf affirme en avoir marre des groupes de deux.
Il pense qu'il tombe / Il pense tomber toujours avec les pires.
Le prof de sport dit que l'équipe de Titeuf-Régis a pris un peu de retard.

Image 2 : Titeuf dit qu'il n'a échappé à rien, par exemple à Jean-Claude pour le théâtre.

Image 3 : Titeuf raconte qu'il a travaillé avec Ramon pour l'interro(gation) de poésie.

Image 4 : Titeuf explique qu'il est tombé sur Hugo pour le judo.
L'enseignant de judo explique qu'en tenant fermement le bras, **ils font** basculer **leur** camarade sur **leur** (auf ihren eigenen Rücken) / **son** (auf seinen Rücken – den Rücken des Kollegen) dos.

Image 5 : Titeuf ajoute qu'il a travaillé avec Puduk à la gym(nastique).
Le prof de sport fait savoir qu'ensuite **ils entraîneront** les mouvements du pied.

Image 6 : Titeuf affirme qu'il a collaboré avec Morvax à la piscine.
Morvax avoue qu'il a dû prendre froid.

Image 7 : Titeuf décide que c'est fini et qu'il en a marre, mégamarre.
La prof dit qu'ils **vont former** des groupes de deux.
Titeuf crie tout de suite qu'**il doit** aller aux toilettes.

Image 8 : La prof conseille à Titeuf **d'attendre** au moins qu'**ils aient fait** (subjonctif passé) les groupes. (Sinon) **il va se** retrouver tout seul.
Titeuf affirme que cela / ça ne fait rien. Il ajoute qu'**il doit** y aller et que cela / ça presse.

Image 9 : Titeuf pense qu'il n'y a plus de doute et qu'**il est** maudit.
La prof explique que pour les pas de valse, **il faut bien regarder** comment **elle fait** avec **leur** camarade. / La prof dit **de bien regarder** comment **elle fait** avec **leur** camarade pour les pas de valse.

4. Les verbes introducteur – le discours indirect au passé

a. Monsieur Gerlier a proposé à son fils qu'ils pourraient aller au zoo le lendemain s'il en avait envie.
b. Hier, le prof a demandé aux élèves quelle était la bonne solution et il a ajouté que s'ils avaient fait les devoirs, ils devraient connaître la solution.
c. Pierre a avoué à son frère qu'il déteste ranger sa chambre. Il l'a prié de le faire pour lui et qu'il lui donnerait son dessert ce soir-là.
d. Un homme politique a crié au peuple de voter pour lui et que s'il était à leur place, il choisirait un homme qui sache améliorer notre/leur/l'économie et leurs salaires.
e. L'élève a menti au prof en affirmant que la veille, il avait oublié ses devoirs et que ce jour-là, c'était son chien qui les avait mangés (accord du participe à cause du pronom direct; voir grammaire p. 50). Il a voulu savoir si le prof ne le croyait pas.
f. La mère a hurlé d'arrêter et que c'était la troisième fois qu'elle le (lui) disait.
g. Le mari a répété à sa femme qu'il avait très faim et qu'ils pourraient cuisiner quelque chose ensemble à ce moment-là.
h. Patrice a chuchoté à sa copine qu'il n'avait pas envie de rester là / à cet endroit / à cet endroit-là et que cela lui rappelait un moment difficile qu'il avait vécu l'année précédente. (Et) il a expliqué que c'était assez difficile pour lui.

5. Trop tard – le discours indirect au passé

André a raconté que le soir d'avant, Marie était venue le chercher et lui avait demandé s'il voulait l'épouser. Il a dit que cela lui était égal et qu'ils pourraient le faire si elle le voulait. Elle a voulu savoir s'il l'aimait. Il a répondu que comme il l'avait déjà fait une fois, que cela ne signifiait rien, mais que, sans doute, il ne l'aimait pas et qu'il ne l'avait jamais aimée (accord du participe à cause du pronom direct; voir grammaire p. 50) jusqu'à ce moment-là et qu'il ne l'aimerait jamais dans le futur. Elle a dit qu'André semblait bizarre et qu'un jour il la dégoûterait pour cette raison. Puisqu'André n'a plus rien dit, elle a pris sa main et a dit qu'elle voulait se marier avec lui. André a répondu tout simplement qu'ils le feraient puisqu'elle le désirait. Elle lui a avoué qu'elle avait appelé l'église la veille pour réserver au cas où il accepterait.

6. L'aventure canadienne – le discours indirect au passé

Éric a affirmé que c'était une très belle ville, très américaine.
Raphaëlle a demandé s'il le pensait à cause des gratte-ciel.
Éric a répondu que oui. / Éric a confirmé.
Raphaëlle (lui) a conseillé de faire attention, (car) (eux), les Québécois, ils ne voulaient pas être pris pour des Américains.
Éric l'a priée de l'excuser. Il a demandé s'ils parlaient les deux langues, le français et l'anglais. (l'excuser : le pronom *le* est un pronom direct : excuser quelqu'un ; voir grammaire p. 50)
Raphaëlle a confirmé que c'était vrai et que Montréal était une ville bilingue. Même si on parlait beaucoup l'anglais à Montréal en ville, la langue officielle du Québec était le français. Elle a voulu savoir s'il catchait.
Éric a demandé ce que voulait dire « catcher ».
Raphaëlle a expliqué que cela voulait dire « comprendre ».
Éric a noté qu'ils parlaient le français, mais qu'ils faisaient usage de beaucoup de mots anglais. Il a prié Raphaëlle de donner d'autres exemples.
Raphaëlle a expliqué qu'ils disaient « sweater » et que le mot « pull » avait été remplacé. Elle a continué en affirmant qu'ils disaient aussi « balayeuse » au lieu d'« aspirateur » et « faire du magasinage » à la place de « faire du shopping ».
Éric lui a dit de regarder. Il a demandé ce que c'était. Et il a voulu savoir si c'était quelque chose à manger.
Raphaëlle a répondu que cela s'appelait la « poutine » et que c'étaient des frites avec du fromage et une sauce brune.
Éric a demandé si ça / cela avait déjà été mangé. Il a affirmé que cela avait l'air assez dégueulasse.
Raphaëlle a avoué que peut-être que la poutine ne paraissait pas bonne, mais qu'elle était délicieuse. Elle (lui) a dit qu'il (le) verrait.
Éric a protesté qu'il ne la mangerait pas.
Raphaëlle (lui) a demandé d'essayer. Et elle a ajouté qu'il serait surpris.

Les deux commandent deux portions.

Éric a assuré que Raphaëlle avait eu raison et que c'était très bon. Il a avoué qu'il ne s'attendait pas à cela.
Il a voulu savoir s'ils mangeaient ça / cela souvent.
Raphaëlle a assuré qu'on la mangeait / ils la mangeaient souvent. Elle a admis qu'elle l'avait mangée la veille / le jour d'avant et la semaine précédente / la semaine d'avant. Elle a chuchoté qu'elle pourrait la manger presque tous les jours.
Éric a confessé que c'était une bonne idée de l'essayer. Il a ajouté que le fromage lui semblait un peu vieux et qu'il grinçait entre les dents.
Raphaëlle a expliqué que c'était normal et que ce fromage était fabriqué à St-Albert en Ontario. Déjà vers la fin du XIXe siècle, les maîtres fromagers fabriquaient un cheddar de grande qualité. Elle a précisé que Louis Génier et ses partenaires avaient inventé la recette d'un fromage très particulier, qu'ils avaient ouvert une fromagerie dont ils ignoraient qu'elle allait avoir un succès énorme. Raphaëlle a ajouté qu'ils avaient enregistré la fromagerie sous le nom de « The St-Albert Co-Operative Cheese Manufacturing Association ».
Éric a assuré qu'il aurait oublié ce nom cinq minutes plus tard.

Raphaëlle a expliqué que cette fromagerie était la seule de l'Est ontarien qui était toujours en opération et que les autres avaient fermé leurs portes.
Éric a remercié Raphaëlle en disant qu'elle lui avait beaucoup appris sur la culture canadienne.
Raphaëlle a dit qu'elle pourrait continuer jusqu'au lendemain / au jour d'après / au jour suivant à lui raconter des faits sur le Canada. (lui raconter : le pronom *lui* est un pronom indirect : raconter quelque chose à quelqu'un ; voir grammaire p. 51)
Éric a demandé (à Raphaëlle) de continuer. Il a assuré qu'il aimerait bien mieux connaître le Canada et que si ce n'était pas en Suisse ou en France, c'était / (ce serait) à cet endroit-là / dans ce pays-là qu'il pourrait s'imaginer vivre.

Le passif

1. Formation du passif

a. Quelques chansons sont chantées par Pierre. (présent passif)
b. Des livres étaient lus par Claudine. (imparfait passif)
c. Des poèmes seraient écrits par Nadia. (conditionnel passif)
d. Les devoirs avaient été finis par Sandra. (plus-que-parfait passif)
e. Les fleurs auront été arrosées par Danielle. (futur antérieur passif)
f. Des nouilles seront cuisinées par les enfants. (futur passif)
g. Toute la grammaire a été étudiée par les élèves. (passé composé passif)
h. Une tarte avait été faite par mes amis pour mon anniversaire. (plus-que-parfait passif)
i. J'ai été appelé(e) dans son / le bureau par le / mon chef. (passé composé passif)

2. Formation du passif – un peu plus complexe

a. J'étais attendu(e) par trois personnes dans la rue.
b. Un nouveau poste de travail m'avait été proposé.
c. J'ai été énormément étonné(e) par leur sourire.
d. Tout le championnat mondial sera organisé par son équipe.
e. Les produits seraient vendus dans le monde entier par l'entreprise si les matériaux de bonne qualité étaient utilisés par l'entreprise.
f. Tous les légumes auraient été cuisinés (par moi) s'ils n'avaient pas été oubliés au magasin (par moi).
g. Tout le voyage ne sera planifié par toi que maintenant. Toutes les places auront déjà été réservées par l'agence depuis longtemps.

Varia : Le passif

3. Le point de vue des objets d'art

A. *Les coquelicots à Argenteuil* (Das Mohnfeld bei Argenteuil) – un tableau de Monet

J'ai été peint par le grand artiste Monet en 1873. Je suis un peu déçu que le public connaisse surtout tous les tableaux avec des nénuphars. J'étais beaucoup apprécié par Monet. (En effet) Son épouse et son fils ont été en effet représentés sur moi.
J'ai été présenté pour la première fois par Monet en 1874 lors d'un vernissage des impressionnistes. J'avais été créé par Monet sur une toile assez petite : 50 x 65 cm. Les tableaux avec les nénuphars sont beaucoup plus grands que moi. Mais tout de même : si j'étais vendu, je coûterais une fortune.
Il y a longtemps, j'ai été accroché (par quelqu'un) dans le Musée d'Orsay à Paris. Ainsi, je peux être admiré par beaucoup de visiteurs tous les jours.
Heureusement, je ne me sens pas seul. Des amis ont été accrochés à côté de moi par quelqu'un. Ils avaient également été peints par Monet pendant la même période.

B. *Les trois mousquetaires* – une série de trois livres

La trilogie a été écrite par Alexandre Dumas. La trilogie a été appelée (par Dumas) : *Les trois mousquetaires, Vingt ans après* et *Le Vicomte de Bragelonne ou L'homme au masque de fer.*
Nous avons été écrits et publiés successivement, en 1844, en 1845 et en 1847.
Nous avons été accueillis très vite par le public et nous étions aimés par les lecteurs.
Nous avons été imprimés de manière continue par des éditeurs après que nous avions été achetés en librairie par toutes sortes de personnes.
Encore aujourd'hui, nous sommes achetés par les gens (continuellement) (Le verbe *continuer* dans ce sens ne peut pas être mis au passif. Ce verbe se réfère uniquement aux gens et pas aux livres). Nous sommes encore appréciés plus de cent cinquante ans après notre première publication. Nous sommes mis dans les / leurs bibliothèques et nous sommes feuilletés de temps en temps (par eux).
Plusieurs films ont été faits à partir de notre contenu. Nous étions appréciés aussi sur écran. La version la plus connue a été réalisée par Randall Wallace en 1998 avec Leonardo di Caprio. Le double rôle – celui du roi et celui de l'homme avec le masque – était incarné par Di Caprio / par lui.
Nous sommes convaincus : nous serons lus encore dans cent cinquante ans par les jeunes et les vieux.

Le participe présent et le gérondif

1. Du participe présent à la phrase subordonnée

Plusieurs solutions sont possibles. Souvent un connecteur peut être remplacé par un autre.

a. Sophie, qui nageait à toute vitesse, n'a pas pu avancer contre le courant du Rhin.
Bien que Sophie nageait à toute vitesse, elle n'a pas pu avancer contre le courant du Rhin.

b. Puisqu'elle a beaucoup d'expérience, Marie est devenue la cheffe des hôtesses de l'air.
Parce qu'elle a beaucoup d'expérience, Marie est devenue la cheffe des hôtesses de l'air.
Étant donné qu'elle a beaucoup d'expérience, Marie est devenue la cheffe des hôtesses de l'air.
Comme elle a beaucoup d'expérience, Marie est devenue la cheffe des hôtesses de l'air.

c. La vieille dame, qui habite seule dans un appartement, se sent un peu isolée et solitaire.
Comme elle habite seule dans un appartement, la vieille dame se sent un peu isolée et solitaire.
Parce qu'elle habite seule dans un appartement, la vieille dame se sent un peu isolée et solitaire.
Étant donné qu'elle habite seule dans un appartement, la vieille dame se sent un peu isolée et solitaire.

d. Étant donné qu'ils ont vendu la maison, la famille Caubet a pu faire un voyage autour du monde sur leur voilier.
Parce qu'ils ont vendu la maison, la famille Caubet a pu faire un voyage autour du monde sur leur voilier.
Du fait qu'ils ont vendu la maison, la famille Caubet a pu faire un voyage autour du monde sur leur voilier.
Puisqu'ils ont vendu la maison, la famille Caubet a pu faire un voyage autour du monde sur leur voilier.
Après qu'ils ont vendu la maison, la famille Caubet a pu faire un voyage autour du monde sur leur voilier.

e. Du fait qu'il parle couramment trois langues, Joschua trouve toujours un nouveau travail.
Étant donné qu'il parle couramment trois langues, Joschua trouve toujours un nouveau travail.
Parce qu'il parle couramment trois langues, Joschua trouve toujours un nouveau travail.
Comme il parle couramment trois langues, Joschua trouve toujours un nouveau travail.

f. Parce qu'elle se sent* très faible, Sabine restera au lit et n'ira pas travailler.
Puisqu'elle se sent* très faible, Sabine restera au lit et n'ira pas travailler.
Du fait qu'elle se sent* très faible, Sabine restera au lit et n'ira pas travailler.
Comme elle se sent* très faible, Sabine restera au lit et n'ira pas travailler.

* À cause du contenu, le verbe *se sentir* doit être au présent même si les verbes *rester* et *aller* sont au futur simple.

Varia : Le participe présent et le gérondif

2. L'usage du participe présent

a. Étant assis sur la banquette, le chat a été chassé par un monsieur voulant s'asseoir.
   Le chat étant assis sur la banquette, il a été chassé par un monsieur voulant s'asseoir.
b. Des recherches ont prouvé qu'une personne souriante a généralement plus de succès dans la vie, puisque la personne est positive.
c. Noémie dit qu'elle préfère avoir une vue positive sur toute chose et être optimiste, se sentant mieux ainsi.
   Noémie, se sentant mieux ainsi, dit qu'elle préfère avoir une vue positive sur toute chose et être optimiste.
d. Tous les gens, fixant uniquement l'écran de leurs téléphones, n'ont pas apprécié les belles décorations.
e. Le flashmob se tenant* au centre-ville devrait divertir les passants.
f. Le film ayant déjà commencé, nous avons décidé d'aller au restaurant au lieu d'entrer dans le cinéma.

   * formation : se tenir – nous nous tenons – se tenant.

3. Du gérondif à la phrase subordonnée

Plusieurs variantes sont possibles. Souvent un connecteur peut être remplacé par un autre.

a. Pendant que je jouais au basket, je me suis tordu le pied.
   Quand je jouais au basket, je me suis tordu le pied.
   Lorsque je jouais au basket, je me suis tordu le pied.
   Alors que je jouais au basket, je me suis tordu le pied.

b. Si je regarde les films en version originale, ils me semblent plus drôles parce que les blagues, traduites dans une autre langue, ne fonctionnent pas de la même manière.

c. Julia a eu l'impression d'avoir une influence en politique quand elle a rempli pour la première fois le bulletin de vote.
   Julia a eu l'impression d'avoir une influence en politique au moment où elle a rempli pour la première fois le bulletin de vote.
   Julia a eu l'impression d'avoir une influence en politique alors qu'elle a rempli pour la première fois le bulletin de vote.

d. Nous pouvons éviter les embouteillages si nous choisissons le train au lieu de la voiture pour partir en vacances.

e. Lorsqu'on a entendu des cris tout le monde est tout de suite sorti de sa maison.
   Au moment où ils ont entendu des cris tout le monde est tout de suite sorti de sa maison.

f. Si nous répétons souvent les mêmes mots ou les mêmes actions, notre cerveau s'y habitue et cela devient une habitude automatique grâce aux transmissions synaptiques fréquentes.
   Si on répète souvent les mêmes mots ou les mêmes actions, notre cerveau s'y habitue et cela devient une habitude automatique grâce aux transmissions synaptiques fréquentes.

4. L'usage du gérondif

a. En mangeant, nous avons vidé une bouteille de bordeaux.
b. En voyageant, il a fait connaissance de sa future femme.
c. En apprenant dix minutes par jour une matière, on la sait mieux que si on apprend trois heures de suite.
d. En cuisinant, mon père crée toujours un énorme chaos.
e. Arnold Schwarzenegger visualisait toujours les muscles actifs en s'entraînant.
f. Il est descendu l'escalier en sautant.

5. Traduction – le gérondif

Tina : Dis / Dis-moi[1], est-ce que tu écoutes / écoutes-tu de la musique en apprenant ?
Gresa : Quand j'apprends quelque chose pour l'école, je n'écoute pas de[2] musique, mais je le fais en faisant mes / les devoirs. Je suis distraite par la musique en apprenant par cœur ou en lisant.
Tina : En écoutant de la[2] musique, je peux mieux mémoriser / retenir les faits.
Gresa : Peu importe quelle musique ?
Tina : Non, il faut que ce soit[3] de la musique sans texte / mots.
Non, cela / ça doit être de la musique sans texte / mots. Sinon je chante en apprenant. Et cela / ça ne fonctionne pas tellement / si bien.
Gresa : Est-ce que tu as / As-tu également / aussi des habitudes bizarres quand tu fais quelque chose en faisant beaucoup d'efforts ?
Tina : En calculant, je tire / je sors toujours la langue. Et je bouge mes lèvres en écrivant.
Gresa : Ne t'en fais pas. Tout le monde a quelques marottes. Observe[1] les profs / professeurs. Madame Soguel joue toujours avec sa bague / son alliance en parlant. Monsieur Marquis postillonne en se fâchant et Monsieur Dalle marche (de long en large) en expliquant les règles.
Tina : Tu as raison. Personne n'a aucune[4] marotte en travaillant.

Voici le lien aux autres thèmes grammaticaux qui sont présents dans cette traduction.

[1] Impératif ; voir grammaire p. 28 et 29.

[2] Expressions de quantité ; voir grammaire p. 78 et 79 ; pas DE / écouter DE LA musique.

[3] Subjonctif ; voir grammaire p. 34 à 37.

[4] Négations ; voir grammaire p. 82 et 83.

6. Paris et la Cité universitaire – le participe présent ou le gérondif

Ayant passé trois années à l'université en Suisse, Pascal a décidé de faire un semestre d'études à la Sorbonne à Paris.

Ayant / Ayant eu la possibilité d'habiter à la Cité universitaire, il est allé habiter dans le 14e arrondissement de Paris.

En arrivant à la CitéU, il a remarqué que c'était un campus avec différentes maisons sponsorisées par différents pays. La maison de la Suisse, appelée Fondation Suisse, se trouvant à côté de la maison belge et de la maison danoise, avait été construite par l'architecte suisse Le Corbusier.

Son style était le cubisme et le purisme, ce qui se remarque en regardant la Fondation Suisse.

En prenant en main un billet de 10 francs suisses, Pascal a noté le visage de Le Corbusier imprimé dessus.

Pascal s'est rendu compte que, bizarrement, pendant cette année en habitant dans la maison de Le Corbusier, ce visage disparaîtrait du billet de 10 francs car c'était l'année où les billets allaient changer d'aspect.

Pascal, souriant, a remis l'argent dans son portefeuille et est entré dans la Fondation Suisse, son habitation pour les prochains mois.

En voyant sa chambre, il était content, car elle avait une belle vue et tout le nécessaire.
Mais en découvrant la cuisine, Pascal était un peu surpris, car elle était minuscule – environ 2,5 m² – et devait servir quinze personnes.
Pascal a vite fait la connaissance de Marion, une Française, et Linh, un Suisse romand d'origine vietnamienne.
À trois, en marchant, ils ont découvert l'ensemble de la Cité universitaire, abrégé en CitéU.

Les maisons se trouvant sur le campus ont un aspect extrêmement différent, en fonction du pays qui les a sponsorisées.
Les habitants venant de tous les pays du monde ont généralement entre 20 et 30 ans et se trouvent à Paris pour leurs études.

Un soir, Pascal, Marion et Linh sont allés à une fête à la maison belge, appelée Fondation Biermans-Lapôtre. En sortant de la Fondation Suisse, ils entendaient déjà la musique sortant des fenêtres de la maison belge.
À la fête, ils ont fait connaissance des habitants de cette maison, en buvant des bières belges typiques. Une bière ayant la couleur rose était très sucrée et rappelait des framboises.
En dansant, Pascal a remarqué une jolie fille qui le regardait.
Parlant avec elle pendant une demi-heure, Pascal a su qu'elle s'appelait Chantal, qu'elle venait du Luxembourg et qu'elle étudiait également les lettres à la Sorbonne.
La Sorbonne, étant l'université la plus renommée et la plus ancienne de France, a été fondée vers 1200. C'est pour cela que les deux l'avaient choisie pour leurs études à l'étranger.

Chantal et Pascal bavardaient pendant des heures en dansant et en buvant des bières roses.
En saluant Chantal, Pascal lui a dit qu'ils allaient certainement se revoir à la Sorbonne, car ils fréquenteraient les mêmes cours, et il lui a donné un bisou furtif sur les lèvres.

Pascal est rentré en sifflant gaiment. De retour dans sa chambre, en s'endormant, Pascal a pensé que ce semestre à Paris n'aurait pas pu mieux commencer et qu'il allait encore vivre de très bons moments, Paris étant la ville de l'amour.

Les connecteurs

1. Une journée d'école plus ou moins réaliste

a. Les élèves étaient déjà tous prêts et assis à leur place avant que la leçon **ait commencé**.
(avant que + subjonctif)

b. **Temporel :**
Tous les élèves ont levé la main lorsque / quand le professeur de biologie a posé une question.
Cause :
Tous les élèves ont levé la main car / parce que / étant donné que / du fait que / puisque, etc. le professeur de biologie a posé une question.
Comme le professeur de biologie a posé une question, tous les élèves ont levé la main.

c. Le professeur de physique a fait une expérience afin que / pour que / de sorte que les élèves **puissent** comprendre la théorie. (afin que / pour que / de sorte que + subjonctif)

d. Toute la classe est arrivée trop tard à la leçon de mathématique puisque / car / parce que / étant donné que le prof de sport les avait libérés trop tard.

e. C'est 7 h 30 le lundi matin et tous sont fatigués, mais / cependant / néanmoins / pourtant les élèves sont tous très motivés.

f. Les élèves font toujours les devoirs même s'ils ne sont pas divertissants.

g. **Temporel – au même moment :**
Le prof s'est rendu compte qu'il avait oublié l'examen à la maison alors que l'examen de français aurait dû commencer.
Temporel – antérieur :
Le prof s'est rendu compte qu'il avait oublié l'examen à la maison après que l'examen de français aurait (déjà) dû commencer.

h. Le prof de géographie fait plusieurs excursions pour / afin de **faire** plaisir aux élèves.

i. La lecture d'*Othello* de Shakespeare en anglais est un peu difficile pour les élèves, par conséquent / c'est pour cela que / c'est pourquoi / c'est la raison pour laquelle / de sorte que / si bien que la prof d'anglais va voir une représentation théâtrale avec la classe.

j. La prof d'allemand promet aux élèves d'apporter un gâteau si toute la classe a une note suffisante dans l'examen sur les virgules.

La prof d'allemand promet aux élèves d'apporter un gâteau au cas où toute la classe **aurait** une note suffisante dans l'examen sur les virgules. (au cas où + conditionnel)

La prof d'allemand promet aux élèves d'apporter un gâteau à condition que / pourvu que toute la classe **ait** une note suffisante dans l'examen sur les virgules.
(à condition que / pourvu que + subjonctif)

La prof d'allemand promet aux élèves d'apporter un gâteau en cas de **note suffisante de toute la classe** dans l'examen sur les virgules.

k. Les élèves demandent au prof d'économie de changer la date de l'examen, sinon / autrement ils seront tous « malades ».

l. Les élèves ont mis leurs affaires dans le sac sans que / avant que la leçon **ait été** terminée par le prof. (sans que / avant que + subjonctif)

Les élèves ont mis leurs affaires dans le sac après que / quand / lorsque la leçon a été terminée par le prof.

2. Jeanne d'Arc

a. Jeanne d'Arc, née vers 1412 et morte en 1431, est une héroïne française parce qu' / puisqu' / étant donné qu' / du fait qu' / car elle a contribué à inverser le cours de la guerre de Cent Ans.

b. À l'âge de 17 ans, elle est partie en guerre après qu' (temporel) / parce qu' / puisqu' / étant donné qu' / du fait qu' / car (cause) elle avait entendu la voix de l'archange Saint Michel, de la sainte Marguerite d'Antioche et de la sainte Catherine d'Alexandrie.

c. D'après les trois saints, sa mission était de délivrer la France de l'occupation anglaise même si elle était « uniquement » une jeune fille et une paysanne.

d. Pour pouvoir combattre, elle voulait regrouper autour d'elle des soldats. Cependant / Pourtant / Mais elle a été rejetée au début et on lui disait que son père aurait dû lui donner des gifles.

e. Elle s'est mis des vêtements pour hommes et s'est coupé les cheveux afin qu' / pour qu'elle puisse mieux combattre.

f. Jeanne d'Arc a obtenu son nom de Jeanne d'Orléans grâce à (positif) / à cause de (neutre) la bataille qu'elle a gagnée à Orléans.

g. Après avoir gagné à Orléans, Jeanne s'est mise en route pour convaincre Charles VII de sa mission, mais malgré les / en dépit de différentes légendes, on ne sait pas aujourd'hui comment Jeanne a réussi.

h. Elle a accompagné Charles VII à Reims pour que / afin que celui-ci se fasse couronner.

i. Jeanne a été capturée par les Bourguignons et vendue aux Anglais pendant une bataille qui, contrairement à celles d'avant, n'a pas été couronnée de succès.

j. Un procès contre Jeanne d'Arc a eu lieu sans qu'elle ait eu une vraie chance de se défendre.

k. En 1431, elle a été condamnée à mort avant qu'on ait prouvé son innocence en 1456.

l. Jeanne d'Arc a été canonisée et appelée « sainte » par l'église catholique en 1920, presque 500 ans après qu'elle avait été brûlée vive à Rouen.

m. Jeanne d'Arc continue à nourrir une multitude de légendes jusqu'à nous jours, bien qu'elle soit morte il y a presque 600 ans.

3. *Les choristes*

Lorsque Monsieur Mathieu, un musicien sans succès, arrive à l'internat Fond d'Étang, il a l'impression que le nom va bien avec l'ambiance de ce lieu puisque / parce que / étant donné que / vu que l'institution parait sombre.

Les garçons, cependant / néanmoins / pourtant, n'ont pas que de sombres pensées, ils aimeraient s'amuser et rigoler. Morhange, l'un des garçons, dessine une caricature de Monsieur Mathieu afin de / pour / dans le but de faire rire ses amis. Monsieur Mathieu sait pourtant / cependant / néanmoins encore mieux dessiner que Morhange et les garçons rient davantage.

Afin de / pour / dans le but de diriger l'énergie des garçons de façon positive, Monsieur Mathieu commence à les faire chanter. Chaque enfant doit chanter pour que* / afin que* Monsieur Mathieu puisse déterminer la tessiture de chacun. Peu à peu, les garçons prennent plaisir à faire partie d'une chorale, sauf Morhange.

Mais même si Morhange s'absente au début, il a très envie de faire partie de la chorale. Monsieur Mathieu gagne lentement la confiance et le respect de Morhange, car / parce qu' / puisqu' / étant donné qu' / vu qu' / du fait qu'il accepte ce garçon et le traite avec sensibilité.

Pour que* / Afin que* les garçons aient de bonnes chansons appropriées à une chorale de jeunes, Monsieur Mathieu se met à composer des pièces musicales. Il compose de belles chansons pendant que / quand les garçons dorment.

Le directeur de l'internat est cependant / pourtant une personne dure et semble ne pas avoir bon cœur. Il critique et menace Monsieur Mathieu, quoique* / bien que* la chorale ait un effet positif sur les garçons. Lorsque / Alors que / Quand la chorale a du succès et que la comtesse veut entendre les garçons qui chantent, il change d'avis.

D'un coup, le directeur de l'internat affirme même avoir eu lui-même l'idée de la chorale, mais il sait parfaitement que c'est grâce à / à cause de Monsieur Mathieu que les garçons chantent et sont plus équilibrés.

Le film prend un virage inattendu que je ne vais pas vous raconter pour / dans le but de / afin de ne pas vous gâcher la surprise si (*au cas où* exige le conditionnel *vous n'auriez pas*) vous n'aviez pas encore vu ce beau film.

Sachez que ce film, produit par le Suisse Arthur Cohn, a gagné, entre autres, deux Oscars en 2005. Les garçons qui chantent font partie des Petits chanteurs de Saint-Marc, une chorale de Lyon. Jean-Baptiste Maunier, le garçon qui incarne le rôle principal, est devenu très connu, tandis que / alors que / pendant que les autres sont restés plus inconnus. Maunier a participé à plusieurs autres films depuis qu'il avait été présent dans le film *Les choristes*. D'ailleurs / En outre / Par ailleurs, il a produit un disque, *Nuits Revolver*, en 2017.

* Le verbe est au subjonctif présent ou au subjonctif passé. Pour cela, le connecteur choisi doit exiger l'usage du subjonctif.

Voie libre à la maturité

Structures grammaticales diverses

1. Coco Chanel

Qui ne connaît pas *Chanel*? Vous avez tous déjà entendu ce nom qui nous fait penser à la haute couture.

Mais qui a été cette Coco Chanel de laquelle / dont on entend parler souvent, sur laquelle Hollywood avait produit un film et que le journal *Times* avait citée parmi les 100 personnes avec le plus d'influence au XXe siècle (*Time Magazine* : 100 Most Important People of the 20th Century).

Gabrielle Chanel a grandi dans un orphelinat, où son père l'avait placée à l'âge de 12 ans avec une sœur, après la mort de sa mère. C'est à l'orphelinat, où / dans lequel elle a vécu jusqu'à ses 18 ans, qu'elle a appris à coudre.

Vous vous demandez certainement pourquoi elle s'appelle *Coco*. Gabrielle Chanel chantait régulièrement deux chansons dans le *Grand Café* et au café-concert *La Rotonde*. Les chansons auxquelles (se référer à) se référaient les officiers dans le public en appelant Gabrielle «Coco» étaient *Qui a vu Coco* et *Ko-Ko-Ri-Ko*.

Mais Coco voulait faire plus de sa vie. En 1909, avec l'aide de ses amis Etienne Balsan et Arthur Capel, elle a ouvert son premier magasin où / dans lequel elle vendait beaucoup de (beaucoup de = quantité définie ; voir grammaire passage «de» sans article, p. 79) différents chapeaux. Rapidement reconnue pour son talent, Coco a ouvert d'autres boutiques à Deauville et à Biarritz en 1914. C'est là qu'elle s'est lancée dans la couture, de laquelle / dont / ce dont (se souvenir de) on se souvient le plus encore aujourd'hui.

Coco a mis en œuvre des changements auxquels (réfléchir à) elle avait beaucoup réfléchi. Elle a raccourci les jupes et supprimé les tailles serrées. Elle était la première à proposer des vêtements simples et pratiques aux (proposer qc à qn) / pour les femmes. Son style strict et le choix des couleurs noir et blanc sont influencés par son enfance dans l'orphelinat chez des religieuses.

La petite robe noire, le tailleur en tweed ou les chaussures bicolores sont des créations qu'on peut encore voir aujourd'hui lors de (= während Modeschauen) / des (= während DEN Modeschauen – präzisiert) défilés de mode.

La création de (= von Parfümen) / des (= der Parfüme – präzisiert) parfums a été confiée à Ernest Beaux en 1921. Celui-ci présente une série d' (quantité définie – une série DE) essais numérotés de 1 à 5 et de 20 à 24. Coco Chanel choisit le parfum Nr. 5 dont / duquel (garder le nom DE quelque chose) elle décide de garder le nom. C'est aujourd'hui le parfum le plus vendu dans le monde.

À l'époque, des personnes connues, entre autres Romy Schneider qui avait incarné le rôle de Sissi, étaient des clientes fidèles de Coco Chanel. Encore de nos jours, la marque Chanel n'a pas perdu sa gloire et sa popularité.

En 2009, un film parlant de la vie de Coco Chanel intitulé *Coco avant Chanel* (ou dans la version allemande *Coco Chanel – Der Beginn einer Leidenschaft*) a été produit.

2. La famille Piccard

Vous connaissez probablement Bertrand Piccard, qui a réalisé le tour du monde en ballon en 1999 et, encore une fois, avec un avion solaire entre 2015 et 2016. Mais saviez-vous également que toute sa / la famille est connue pour être des aventuriers et des pionniers ? D'abord, il y a Auguste Piccard, le grand-père de Bertrand, qui avait été aéronaute et océanaute. Ensuite, son fils, Jacques Piccard, le père de Bertrand, avait aussi / également été océanaute et océanographe. Tandis que le grand-père avait choisi la profondeur de l'océan et les hautes altitudes, le père avait choisi uniquement la profondeur. Finalement, Bertrand a de nouveau osé s'aventurer dans le ciel.

Désirez-vous connaître les records et les inventions de cette famille suisse ?

A. Auguste Piccard, le grand-père

En 1931, plus exactement, le 27 mai, Auguste Piccard a fait le vol le plus haut de l'époque. En ballon stratosphérique, il est monté jusqu'à 16 201 mètres. Il a été le premier homme à voir la courbure de la terre. Il a ouvert la voie à l'aviation.

Hergé, dessinateur belge, qui a créé *Les aventures de Tintin*, appelées *Tim und Struppi* en allemand, s'est inspiré de cet aventurier. Il a fait entrer dans sa bande dessinée Auguste Piccard et son ballon stratosphérique, sous les traits du Professeur Tournesol, en allemand Professor Bienlein.

Aller dans la stratosphère ne lui suffisait pas. Ce qu'il voulait explorer ensuite étaient les abysses de la mer. Pour cela / ça, il a inventé et construit le sous-marin *Bathyscaphe* en appliquant le principe de son ballon stratosphérique.

La première tentative n'a pas été couronnée de succès. Il s'est donc mis à la construction du deuxième *Bathyscaphe*, auquel (collaborer au *Bathyscaphe*) / à laquelle (collaborer à la construction) a collaboré son fils Jacques.
En 1953, il a plongé avec Jacques jusqu'à 3150 mètres sous l'eau. Pour cela, Auguste est devenu l'homme des extrêmes, celui qui est monté le plus haut et descendu le plus bas jusqu'à ce moment-là.
Auguste Piccard, né en 1884 à Bâle et mort en 1962 à Lausanne, avait été un savant universel. Il était ami avec Marie Curie et Einstein, il a découvert l'Uranium 235 et il a mené en ballon une expérience qui a prouvé la validité de la théorie de la relativité d'Einstein au moment où celle-ci était remise en question.

B. Jacques Piccard, le père

Jacques Piccard, né en 1922, a fait des études de sciences économiques. Grâce aux contacts avec le monde des affaires, il a pu trouver le financement pour le second sous-marin *Bathyscaphe* de son père. Jacques a effectué plusieurs records de plongée avec son père Auguste.

Plus tard, avec son collègue américain Don Walsh, Jacques est devenu lui-même l'homme au monde ayant plongé le plus profondément. Ils sont descendus jusqu'à 10 916 mètres sous le niveau de la mer, dans la fosse des Mariannes, ce qui correspond au point le plus profond des océans et qui se trouve dans la partie nord-ouest de l'océan Pacifique.
Ce dont Jacques rêvait (rêver de) s'est réalisé. Ce record était beaucoup plus qu'une première historique ! Il s'agissait d'une étape majeure pour la protection de l'environnement. Jacques et Don Walsh ont pu prouver l'existence de vie à laquelle personne ne s'attendait (s'attendre à qc) au fond de l'océan. Cette plongée a poussé les gouvernements à abandonner leur / l'idée de déposer les déchets toxiques dans les fosses marines.
Le président des États-Unis de l'époque, Eisenhower, que cette découverte a étonné, a donné à Jacques le Distinguished Public Service Award.
Jacques Piccard a affirmé ne pas avoir eu peur. La seule chose dont / de laquelle (avoir peur de) il avait un peu peur était d'atterrir sur des bateaux marins engloutis car leurs / les canons auraient pu faire des dégâts. Très tôt, très intéressé à l'écologie, Jacques a fondé la *Fondation pour l'étude et la protection de la mer et des lacs* en 1968. Son fils, Bertrand Piccard, a continué et continue encore la recherche sur / concernant les voyages écologiques et l'énergie renouvelable.

C. Bertrand Piccard, le fils

Né en 1958 à Lausanne, Bertrand a vécu en Floride où son père Jacques travaillait pour le programme *Apollo* pendant / durant les années 1960. Bertrand avait même eu la chance d'assister au décollage des fusées *Saturn V* et *Apollo* numéros 7 à 12.

Déjà très jeune, à l'âge de 16 ans, Bertrand Piccard faisait partie des pionniers de l'aile delta et du ULM, ce qui signifie planeur ultra-léger motorisé. Piccard s'intéressait également au (s'intéresser à) vol en parapente et en montgolfière. Il a établi plusieurs records desquels / dont (dire qc de qc) il dit que ce qui l'intérese le plus, ce n'est pas le record lui-même, mais le comportement des êtres humains dans des situations extrêmes. Le vol en aile delta est devenu pour lui comme un laboratoire de psychologie. Il a étudié la médecine et s'est spécialisé en psychiatrie et en hypnose.
L'hypnose est une méthode à laquelle Bertrand a eu recours pendant le vol avec l'avion *Solar Impulse*. Bertrand et son collègue André Borschberg ne pouvaient dormir que par tranches de vingt minutes, mais ceci / cela / ça 24 fois par jour. Tandis que Borschberg faisait du yoga, Bertrand pratiquait l'autohypnose.

Bertrand Piccard a établi de nombreux records : il a été le premier à traverser les Alpes dans un avion ULM, il a fait le tour du monde en ballon sans s'arrêter en 1999 et le tour du monde dans son avion solaire en 2016.
Mais le projet auquel il s'est dédié (se dédier à qc) par conviction profonde est le changement des mentalités. Selon lui, après avoir prouvé qu'il est possible de faire le tour de la terre avec un avion solaire, il s'agit maintenant de changer la politique énergétique. Piccard et Borschberg avaient une vision : leur but était de créer de l'enthousiasme pour des énergies renouvelables grâce à leur voyage. Ils ont prouvé que voler sans carburant et sans émissions qui polluent est possible. Ceci / Cela est la preuve que le monde peut encore gagner en efficacité énergétique.

En plus, Bertrand Piccard désire promouvoir une vision humaniste qui laisse une large place à l'esprit de pionnier et à l'innovation dans la vie de tous les jours.

Grande finale

1. Le chocolat

Nous, les Suisses, nous sommes fiers de notre chocolat et nous croyons pouvoir faire le meilleur chocolat du monde. Mais est-ce que vous connaissez l'histoire du chocolat? Est-ce que vous avez connaissance du rôle des Suisses concernant la production de chocolat? Lindt, Sprüngli, Nestlé, Cailler, Suchard – de grands noms représentent le chocolat suisse.

François-Louis Cailler, né à Vevey en 1796, a appris le métier de chocolatier à Turin, en Italie. Il a travaillé (passé composé, parce que cette période s'est terminé) pendant quatre ans à la fabrique de chocolat Caffarel, période pendant laquelle on lui a enseigné à fabriquer du chocolat. De retour à Vevey, Cailler a créé des machines pour ce qui est devenu la première fabrique de chocolat en Suisse: *Chocolat Cailler*. Cailler était le premier à proposer le chocolat sous forme de plaques.
Grâce à la fabrication machinale, le prix du chocolat a baissé car, avant ceci, uniquement les gens riches pouvaient se permettre d'acheter ce produit de luxe.
Une des filles de Cailler s'est mariée avec Daniel Peter qui allait devenir également chocolatier plus tard.
C'est ici que l'histoire devient intéressante!

Avant le mariage, Peter avait produit des chandelles, mais après le mariage, il ne s'occupait plus que de la production de chocolat. Puisque son entreprise *Peter-Cailler et Compagnie* n'était pas un grand succès, Peter a commencé à faire des expériences avec le chocolat. Il envisageait la création d'un nouveau produit.

Avec l'aide de son ami et chercheur Henri Néstlé qui, auparavant, avait fait un apprentissage en tant que pharmacien, les deux hommes ont donné naissance à ce qui est aujourd'hui le chocolat au lait.
Henri Nestlé produisait (description de son métier) du vinaigre, de la farine et de la moutarde. Dans son laboratoire, il tentait d'inventer et de créer d'autres produits nouveaux, comme la poudre de lait. C'est avec cette poudre de lait et ensuite avec le lait condensé que Daniel Peter a fait ce premier chocolat au lait qui avait un goût moins amer en comparaison avec le chocolat qui existait déjà.

Je regrette de devoir le dire, mais, en 1839, il y a / a eu une autre personne qui avait inventé le chocolat au lait avant les deux Suisses qui l'avaient fabriqué en 1875 seulement. Presque personne ne connaît / connaissait ce fait. Donc gardons ce secret pour nous...

Un autre ingrédient avait révolutionné le chocolat même avant le lait. Je ne pense pas que vous puissiez (subjonctif dépendant de *ne penser pas*; voir grammaire p. 35, usage c) deviner le produit dont je parle. Il s'agit / s'agissait de la noisette. Encore une fois, les Italiens ont contribué à la création du chocolat. En 1806, Napoléon avait bloqué le commerce entre l'Angleterre et le Piémont, une région d'Italie. Pour cette raison, les prix du cacao ont augmenté. Les chocolatiers italiens voulaient qu'ils aient (subjonctif dépendant de *vouloir* ; voir grammaire p. 35, usage b) un ingrédient qu'ils puissent (subjonctif – qualité désirée ; voir grammaire p. 36, usage e) mélanger avec le cacao. À l'époque, la noisette était un fruit assez économique pour être très répandu et elle l'est toujours.

Au début, le *gianduia* était considéré comme un produit moins prestigieux, mais peu à peu, ce chocolat italien est devenu une spécialité, comme les « Gianduiotti ». Réfléchissez un moment au terme « nutella ». Qu'est-ce que vous notez ? Effectivement, le terme « nutella » vient / est venu du mot anglais « nut » puisque la recette du nutella est basée sur la noisette.

Que serait la vie sans chocolat ? Est-ce que vous pouvez vous imaginer / pourriez-vous imaginer vivre sans ce plaisir du palais ? La bonne nouvelle est que le chocolat fait partie d'une alimentation équilibrée en quantité raisonnable. Le chocolat contient la théobromine qui agit comme la caféine et les flavanols qui peuvent / pourraient améliorer la mémoire. Bon appétit !

2. Marie Curie

Marie Curie est connue aujourd'hui pour être morte à cause de ses découvertes des éléments radioactifs, mais ceci constitue juste une toute petite partie de sa vie. Voici ce que vous pouvez (présent) / pourrez (futur) / pourriez (conditionnel) découvrir sur cette femme unique dans l'histoire :
Marie Curie s'est rendue à Paris en 1891 parce qu'en Pologne, où elle était née en 1867, les femmes n'avaient pas encore le droit d'étudier. Elle s'est inscrite à la Sorbonne. Parmi les neuf mille étudiants qui s'étaient inscrits cette année-là, il n'y avait que deux cent dix femmes et uniquement vingt-trois femmes qui faisaient partie de la Faculté des sciences. En 1894, Marie Curie a terminé ses études à la Sorbonne, où elle a obtenu une licence en mathématique et en physique. Elle a été la meilleure de tous les étudiants en physique et la deuxième en mathématique.
Avec son mari, Pierre Curie, elle s'est mise à étudier des substances radioactives.
En 1898, Pierre et Marie Curie ont publié leurs premiers résultats et ils ont annoncé la découverte de deux nouveaux radioéléments : le polonium et le radium. C'est dans ce contexte qu'ils ont utilisé pour la première fois le terme de « radioactivité ».

Déjà en 1898, Marie Curie souffrait (parce que c'est une souffrance durable) des premiers symptômes liés à son exposition à la radioactivité, symptômes dont elle allait souffrir davantage à l'avenir.
En 1900, Marie Curie a été admise (passif), comme première femme, en tant que professeure à l'*Ecole supérieure de jeunes filles* où elle enseignait la physique. Et en novembre de la même année, Pierre et Marie Curie ont reçu la lettre de l'*Académie royale des sciences de Suède* qui leur annonçait (imparfait : parce que c'est écrit) qu'ils avaient été choisis pour le Prix Nobel en physique grâce à leurs recherches sur les phénomènes de la radiologie. Deux ans après la naissance de leur seconde fille, Pierre Curie est mort dans un accident. Pierre avait voulu traverser la route, mais il a été écrasé (passif) par une voiture à cheval. Marie Curie a été choisie (passif) par l'université de la Sorbonne pour remplacer son mari

qui y avait donné des cours aux étudiants. Finalement, deux ans plus tard, en 1908, Marie a obtenu un siège de physique à la Sorbonne. Ceci l'a rendue (accord du participe à cause du pronom direct ; voir grammaire p. 50) célèbre en tant que première femme enseignant au sein de cette université renommée.

En 1911, lorsque Marie a postulé pour un siège à l'Académie des sciences, on a découvert qu'elle avait une relation avec Paul Langevin, un ancien élève de Pierre Curie. La presse a attaqué Marie pendant longtemps. Les journaux l'appelaient « étrangère », « intellectuelle » et « femme bizarre ». D'autres journaux, comme *L'Humanité* ou *Gil Blas*, la défendaient. Des scientifiques comme Perrin, Poincaré, Borel et Einstein la soutenaient.

Pendant que la presse traitait de l'affaire Langevin-Curie, on discutait (deux actions parallèles) à Stockholm pour savoir qui devait / devrait (discours indirect) gagner le Prix Nobel en chimie. En 1911, malgré la mauvaise presse, l'Académie royale de Suède a élu Marie Curie pour le Prix Nobel. Elle est ainsi devenue la première personne à gagner deux Prix Nobel. Néanmoins, les difficultés que Marie Curie devait affronter ne finissaient pas. Svante Arrhenius, membre de l'Académie royale et gagnant du Prix Nobel en 1903, a écrit à Curie qu'elle ne devait pas / ne devrait pas (discours indirect) se présenter à la remise du prix à Stockholm. Curie a réagi de manière décisive en disant que s'il s'agissait / s'était agi d'un homme qui avait / avait eu une liaison, on n'en parlerait pas / n'en aurait pas parlé autant. Si elle était / avait été un homme, cela ne ferait pas / n'aurait pas fait tant de scandale. Malgré toute l'opposition, Marie Curie, sa sœur Bronia et sa fille Irène sont parties pour Stockholm où le deuxième Prix Nobel lui a été remis (passif) par l'Académie.

Pendant la Première Guerre mondiale, Curie travaillait en tant que radiologue et traitait les soldats blessés. Elle a inventé une radiographie portable utilisable au front.

Aujourd'hui, grâce aux deux Prix Nobel gagnés en 1903 de physique et en 1911 de chimie, Marie Curie est la physicienne la plus connue dans le monde. Néanmoins, les difficultés qu'elle a dû affronter restent souvent inconnues : après l'école en Pologne, elle n'a pas été admise (passif) à l'université de Varsovie. En plus, il lui fallait / a fallu gagner l'argent pour ses recherches en enseignant à des filles. Troisièmement, en 1911, elle n'a pas été acceptée à l'Académie des sciences. Ses activités à la Société des Nations sont restées / restent assez inconnues, bien qu'elle ait été (subjonctif passé dépendant de *bien que* ; voir grammaire p. 38) vice-présidente du Comité international de la collaboration intellectuelle de la Société des Nations à partir de 1922. En réalité, Marie Curie a toujours voulu / voulait toujours que ses découvertes puissent (subjonctif dépendant de *vouloir* ; voir grammaire p. 36, usage b) être utilisées en médecine pour que des malades aient (subjonctif dépendant de *pour que* ; voir grammaire p. 36, usage g) un meilleur traitement.

Il semble que Marie Curie ait transmis (subjonctif passé dépendant de *il semble que* ; voir grammaire p. 35, usage d) la soif des sciences à ses filles. Irène Joliot-Curie a également reçu le Prix Nobel de chimie en 1935 avec son mari Frédéric Joliot-Curie pour leurs travaux sur la radioactivité artificielle. Ève Curie, qui a écrit une biographie mondialement connue sur sa mère, a épousé Henry Labouisse qui a reçu le Prix Nobel de la paix étant directeur exécutif de l'UNICEF.

Encore aujourd'hui, il est (il est évident = il est clair que = il est sûr que + indicatif) évident que Marie Curie est très populaire. Sheldon dans *The Big Bang Theory* la nomme / l'a nommée à plusieurs occasions et la dessine / l'a dessinée en jouant à Pictionary avec ses amis. D'ailleurs, en 2016, la réalisatrice française Marie Noëlle a produit un film sur la scientifique Marie Curie portant à l'écran ses recherches, ses souffrances et sa bataille. En 1943, un film sur la vie de cette femme forte a été produit (passif) par Metro-Goldwyn-Mayer. Le film de 1943 s'intitule *Madame Curie*.

3. *Les Misérables*

Les solutions peuvent varier car, selon l'interprétation du texte, on peut mettre telle ou telle autre forme verbale.

Divers films, des pièces de théâtre, une comédie musicale – nombreuses sont les adaptations du chef-d'œuvre de Victor Hugo *Les Misérables*. Ces dernières années, ce roman a atteint une nouvelle dimension de popularité, surtout parmi les jeunes qui ont vu la comédie musicale cinématographique avec des acteurs célèbres. Le protagoniste Jean Valjean est incarné[1] / a été incarné[2] par Hugh Jackman, tandis que Fantine est représentée[1] / a été représentée[2] par Anne Hathaway.

[1] Usage du présent : affirmation générale sur le film ; il s'agit d'un fait donné et durable concernant le film.

[2] Usage du passé : Hugh Jackman / Anne Hathaway a joué le rôle dans le passé.

L'histoire des *Misérables* n'est pas uniquement convaincante grâce aux acteurs qui y ont mis tout leur cœur, mais aussi grâce à la dimension historique, psychologique, sociologique et politique du livre. Ce roman ne laisse pas (présent : fait donné) / ne laissera pas (futur : hypothèse sur une lecture future) indifférent, si vous le lisez.

Mais qui étaient ces « misérables » dont Victor Hugo nous a dressé le portrait ? Jean Valjean a été emprisonné après avoir volé un morceau de pain pour nourrir ses frères et sœurs et pour se nourrir soi-même. Après avoir été libéré dix-neuf ans plus tard, le stigmate d'un ancien forçat l'empêchait (imparfait : s'il l'empêche encore) / l'a empêché (passé composé : si l'empêchement est fini) de mener une vie respectable. Fantine, autre personnage « misérable », a été abandonnée (passif) par son petit ami après qu'elle était tombée (antérieur) enceinte. Seule, sans soutien quelconque, elle essayait de survivre. Forcée par le destin cruel, elle s'est vue (passé composé : si on se réfère à un moment) / se voyait (imparfait : s'il s'agit d'une description durable) obligée de laisser sa fille Cosette chez une famille à qui elle croyait pouvoir faire confiance. Cette famille, pourtant, également souffrante, ne percevait aucune autre issue que celle des ruses et des mensonges. Les membres de cette famille fraudaient et dupaient tout le monde.

L'analyse socioculturelle que l'auteur nous a dépeinte (comme : peindre – il a peint), est transmise par différents personnages, entre autres par Jean Valjean.

À travers le roman, Jean Valjean a évolué du forçat désillusionné, perdu et sans espoir jusqu'à devenir un gentilhomme – même si jamais officiellement. Il était (imparfait : s'il l'est encore) / avait été (plus-que-parfait : s'il n'est plus fâché) fâché contre le système juridique qui lui avait pris (prendre) sa dignité et ne lui montrait pas (imparfait : si c'est encore ainsi) / ne lui avait pas montré (plus-que-parfait : si ce n'est plus le cas) de respect. Il s'est mis à réfléchir à son sort et à celui des autres gens qui vivaient en marge de la société. Dans le cas de Valjean, il ne s'agissait pas d'un intellectuel, il était un ignorant, mais pas un imbécile – et, chose essentielle, il possédait un bon cœur, une lumière naturelle était allumée en lui.

En réfléchissant, il a reconnu qu'il ne pouvait pas (imparfait : fait général) / ne pourrait pas (conditionnel : projeté dans le futur) être considéré comme un innocent injustement puni, car, effectivement, il avait commis un vol même s'il l'avait fait pour de bonnes raisons. Pourtant il s'est dit par ailleurs que la société était également responsable de sa misère et de celle des autres « misérables ». Valjean répétait dans sa tête maintes fois que la punition de la part de la loi était atroce et il s'est demandé si l'abus de la loi concernant la peine ne représentait pas un crime majeur à celui que le voleur, lui-même, avait commis. Ainsi, la société a fait / avait fait du criminel une victime.

Il se posait (imparfait : s'il se pose cette question de manière répétée) / s'est posé (passé composé : la question est posée une seule fois) la question si l'humanité n'avait pas l'obligation de veiller au bonheur de tous et si ce n'était pas monstrueux que la société traite (subjonctif dépendant de *c'est monstrueux que*; voir grammaire p. 35, usage d) ainsi ses membres les plus souffrants et les plus pauvres. Il a tiré la conclusion que la société devrait (conditionnel : c'est une proposition) / devait (imparfait : c'est une affirmation, pas une proposition) mieux faire dans le futur.

L'antagoniste de Valjean, l'inspecteur de police Javert, avait une vision bien différente sur la valeur et le rôle des criminels. Il couvrait de mépris, de dégoût et de haine tous ceux qui avaient franchi (plus-que-parfait : antérieur) / franchissaient (imparfait : affirmation générale, aussi actuelle), même une seule fois, la loi. Il n'avait connu (plus-que-parfait : antérieur) / ne connaissait (imparfait : affirmation générale, aussi actuelle) ni la pitié ni la compassion. À plusieurs reprises, Javert a affirmé que rien de bon ne pourrait (conditionnel : c'est une hypothèse) / pouvait (imparfait : c'est une affirmation, une constatation) sortir d'un criminel ou d'une personne perdue.

À travers tout le roman de Victor Hugo, Javert a chassé / (chasse) Jean Valjean qui, de son côté, essayait (imparfait : il essayait toujours) / a essayé (passé composé : il a essayé jusqu'à sa mort, mais c'est terminé) / (essaie) de vivre une vie digne et honnête après ses années en prison.